무노쌤의 쉽게 배우는 정보융합교육 시리즈

리틀빗으로 시작하는
IoT (사물인터넷)

이 문 호 지음

한 차원 높은 사고력!

바로세움

리틀빗으로 시작하는
IoT (사물인터넷)

초판 1쇄 인쇄 | 2016년 5월 23일
초판 1쇄 발행 | 2016년 5월 23일

지은이 | 이문호
펴낸이 | 최현혜
펴낸곳 | ㈜아리수에듀
출판신고 | 제2016-000019호

바로세움은 ㈜아리수에듀의 출판 브랜드입니다.

주소 | 서울시 관악구 은천로 10길 25, B1(봉천동)
전화 | 02)878-4391
팩스 | 02)878-4392
홈페이지 | www.arisuedu.co.kr

ISBN   978-89-93307-92-4 | 03000

국립중앙도서관 출판예정도서목록(CIP)

리틀빗으로 시작하는 IoT(사물인터넷) / 지은이: 이문호.
서울 : 바로세움 : 아리수에듀, 2016
    p. ;   cm
(무노쌤의 쉽게 배우는 정보융합교육 시리즈)

ISBN 978-89-93307-92-4 03000 : ₩13000

사물인터넷 [事物－－]

004.58-KDC6
004.678-DDC23   CIP2016012635

이 도서의 국립중앙도서관 출판예정도서목록(CIP)은 서지정보유통지원시스템
홈페이지(http://seoji.nl.go.kr)와 국가자료공동목록시스템(http://www.nl.go.kr/kolisnet)에서
이용하실 수 있습니다. (CIP제어번호: CIP2016012635)

리틀빗으로 시작하는
IoT (사물인터넷)

이 문 호 지음

바로세움

추천사

앞으로 다가오는 미래 사회는 "소프트웨어 중심사회", "4차 산업 사회"로 불리우며 빠른 기술 발전이 많은 변화를 가져올 것이다. 특히 미래 사회에 주인공이 되는 어린이들에게는 사회의 변화에 대하여 긍정적이고 올바르게 준비하도록 도와주어야 하는 것은 우리 모두가 함께 지혜와 힘을 합쳐 하여야 하는 매우 중요한 일이다.

"리틀비츠로 시작하는 IOT(사물 인터넷)"의 출간은 몇 가지 새로운 의미를 가지고 있다고 생각한다.

미래 사회에서는 모든 사물이 서로 연결되어 정보를 주고받는 사물인터넷의 시대로 발전한다고 이야기 되고 있다. 이에 대한 개념의 이해를 돕는 입문서로서의 역할을 기대 해 본다.

다음으로 어린이들의 특성을 교육학자들은 "구체적 조작적 사고기"라고 정의하고 있다. 이는 구체적인 조작 활동을 통하여 학습하는 시기를 말하는 것이다. 지금까지 학생들에게 이루어진 교육은 보고 느끼는 (look and feel) 학습에서 이제는 구체적인 목표를 설정하고 실제적으로 조작하면서 개념을 이해하고 응용하며 실습하고 느끼는 (do and feel) 교육을 목표로 출간하게 된 것은 매우 큰 의미가 있다고 본다.

마지막으로 사물 인터넷에 관련된 기술 발전은 지금도 활발하게 이루어지고 있는 분야이다. 우리 인류가 보다 생활이 편리해지고 행복해 지기 위하여 많은 노력을 기울이고 있는 분야이다. 모든 학문의 발전은 "왜? (Why)" 라고 하는 의문에서 시작하고 있다. 거대한 자연현상에서 많은 의문과 이에 대한 해답을 찾아가면서 과학이 발전하고 있다. 구체적인 조작물을 가지고 직접 실습해 보면서 많은 의문을 가지기를 기대해 본다. 이러한 의문은 앞으로의 발전에 많은 밑거름이 될 것이다. 가능한 여러 번의 다양한 실습을 통하여 많은 문제점과 해결책을 스스로 찾고 해결하는 소중한 경험이 "리틀비츠로 시작하는 IoT(사물 인터넷)"을 통하여 이루어지기를 바란다.

서울교육대학교 컴퓨터교육과 교수

이학박사 홍 명 희

추천사

간단한 리틀비츠의 조작을 통해 IoT의 기본적인 개념을 이해할 수 있는 교재입니다. 입력, 출력, 센서 등을 간단한 도구들의 자석연결을 통하여 또 다른 형태의 도구로 표현할 수 있어 초등학교 저학년도 활용할 수 있습니다. 고학년에서는 리틀비츠를 응용하여 창의적인 생활도구를 만들어낼 수 있고, 센서 빗들끼리(사물)의 소통방법을 익히고, bit과 web이 연결되고, web과 bit을 연결하는 네트워크 연결로 서로 소통하는 방법을 익혀 자신이 원하는 IoT를 직접 만들어 볼 수 있습니다. IoT 물건을 직접 구현해 볼 수 있게 도울 수 있는 훌륭한 교재역할을 할 수 있다고 생각합니다.

성균관대학교 컴퓨터교육학과
교수 **김 미 량**

추천사

 이 책의 저자 이문호 선생님은 컴퓨터교육 박사로 초등학교 컴퓨터 교육 발전에 많은 역할과 기여를 해 왔습니다. 리틀비츠를 활용한 IoT교재는 초등학교 현장에서도 곧바로 쓸 수 있는 맞춤형 교재입니다. 과학교과의 전기회로 개념을 이해할 수 있는 도구가 될 수 있고, 수학적으로 함수의 개념을 갖고 있습니다. 컴퓨터의 입력에 대한 출력 결과도 확인할 수 있는 것이 특징입니다. 여러 교과에 두루 활용할 수 있습니다.

 초등학교 S/W교육 활용 측면에서도 입력과 출력에 대한 연결 순서와 방법에 따라 컴퓨터적 사고를 할 수 있도록 만든 교재입니다. 이 책은 전학년에서 사용 할 수 있도록 구성되어 있는 것이 특징입니다.

서울 수명초등학교
교장 박 호 선

여는글 | Prologue

고대로부터 인간들은 소통을 위해 그림과 언어로 많은 노력을 기울여 왔습니다. 사람들은 서로를 만나면서 더 잘 이해하기 위해 많은 도구들을 개발하여 사용했습니다. 연필, 종이, 편지, 전화기 등은 느리고 소극적이지만 지금도 사람들에게 기본적으로 활용되고 있는 도구입니다.

하지만 사물과 인간과의 소통방법은 여전히 쉬운 방법을 찾지 못하고 있습니다. 우화적이거나 샤머니즘적 상황설정 만으로 가능했던 가상의 표현방법이 센서와 네트워크를 통하여 사물들과 좀 더 현실적으로 대화할 방법을 찾을 수 있게 되었습니다.

사물과의 소통이란 사람들에게 이로운 방법과 필요한 것을 제공하기 위한 기초적인 활용도구로서의 역할을 해야 할 것입니다.

리틀비츠는 사람들에게 필요하고 부족한 부분을 채워줄 수 있는 도구의 개발을 위하여 기초적인 이해를 위한 활용도구가 될 수 있다고 생각합니다. 단순화된 기본 모듈들의 제대로 된 센서 역할들과의 결합으로 수 많은 창의적인 결과물을 만들어 낼 수 있습니다. 우리 생활에 직접 활용 될 수 있는 활용도구로서의 가능성은 많은 개발을 하고자 하는 의욕을 가져올 수 있습니다.

기본적인 센서와 입출력 모듈 뿐 아니라 네트워크를 활용할 수 있어 제한된 소통 공간 범위를 무한히 넓혀 적용할 수 있습니다. 네트워크를 적극적으로 활용할 수 있기에 사물과 떨어진 장소에서도 사물과의 소통이 가능하여 전 세계가 인터넷으로 묶여 있는 공간은 소통이 가능한 영역이 될 수 있습니다.

본 교재가 초등학교에서 사물과의 소통이 인터넷을 통하여 가능하다는 것을 이해할 수 있는 기초적인 교재가 되어 많은 사람들에게 필요한 도구를 개발하게 하기 위한 초석이 될 수 있기를 기대합니다.

마지막으로 교재 집필에 많은 관심과 조언을 해 주신 서울교대 홍명희 교수님과 성균관대 김미량교수님, 서울수명초등학교 박호선 교장선생님께 감사를 드리고, 원고 수정과 참여에 많은 노력을 하신 (주)아리수에듀와 가족들에게도 감사합니다.

2016년 5월
이 문 호

CONTENTS

리틀빗으로 시작하는
IoT (사물인터넷)

part 01 | 01차시

> 사람과 물체들이 이야기 할 수 있어요

01 사람과 물체들이 이야기 할 수 있어요

 대주제 IoT에 대하여 이해하기

 핵심 단어 IoT, 사물인터넷

 영역 IoT의 이해 및 정의

1 활동 목표

물체끼리 이야기 할 수 있음을 알고, 그에 대한 예를 찾을 수 있다.

2 활동 자료

IoT 관련 사진 자료, 이해 자료, 도표

3 활동 방법

IoT에 대한 자료를 이해하고, 설명하기

◎ IoT 사진자료 or IoT 관련 도표 제시하기

◎ IoT 사진자료

 사람들은 만나면 대화를 하죠. 멀리 떨어져 있는 사람과 대화를 하기 위해 전화기를 사용합니다.

 사람끼리는 대화를 할 수 있지만, 물건들끼리는 대화를 하지 못합니다.

 TV, 냉장고, 자동차, 비행기, 컴퓨터, 게임기기, 전등, 카메라, 주서기 등 사람이 생활하는 데 여러 가지 필요한 물건들이 있지만 이것들은 늘 사람이 시키는 대로만 움직입니다.

하지만 이런 물건들끼리 대화를 할 수 있다면 우리는 생활에 필요한 물건들을 더 잘 쓸 수 있습니다. 이를테면 전등은 집 안에서 스위치로는 켤 수 있지만, 집 밖에서 전등을 끄고 켤 수는 없습니다. 그러나 만약 휴대폰과 전등이 대화를 한다면 가능하겠죠?

● IoT 뜻 알기

전화기를 갖고 있는 사람들끼리 서로 전화를 걸고 받은 다음에 대화를 할 수 있듯이 물건들이 대화를 하기 위해서는 물건들끼리 연결되어야 한답니다.

이렇듯 물건들도 대화하려면 서로 전화기와 같은 기계가 있어야 하고, 이들 전화기가 서로 연결 되어 있어야 한답니다. 주고받는 기계가 있어야 하고, 연결해 주는 방법이 필요해요.

이렇게 연결해 주는 기계는 센서(sensor)라고 하고 이들을 네트워크(인터넷)를 활용하여 연결하는 것을 **사물인터넷(Internet of Thing: IoT)**이라고 해요.

사물인터넷이 되는 물건들을 만든다면 우리 주변에 있는 물건들을 쉽게 이용할 수 있고 또 많은 도움을 받을 수 있을 거예요.

– IoT를 만들기 위한 방법들을 찾아보고 이해할 수 있다.

우리가 만들어 보는 사물인터넷 물건들에는 어떤 것들이 있는지 알아봐요.

Makey Makey 사이트 : http://www.makeymakey.com
Picoboard 사이트 : http://www.picocricket.com/picoboard.html
아두이노 사이트 : http://www.arduino.cc

part 02 | 02차시

> 리틀비츠 너 누구니?

02 리틀비츠 너 누구니?

 대주제 리틀비츠 원리

 핵심 단어 리틀비츠

 영역 리틀비츠 이해와 원리

---

1 활동 목표

리틀비츠의 연결을 통하여 리틀비츠 작동원리를 이해할 수 있다.

2 활동 자료

리틀비츠 간단한 작동 사진

3 활동 방법

리틀비츠 기본적인 연결(입력,출력)을 여러 가지 방법으로 소개하여 작동 원리를 이해할 수 있다.

◎ 블럭 사진 자료 제시

　위에 보이는 블록 장난감으로 무엇이든지 만들 수 있어요. 앞으로 여러분들은 블록 장난감 처럼 쉽게 IoT 물건을 만들어 볼 수 있어요.

◎ 리틀비츠 기본적인 연결 (입력-출력:리틀비츠 베이직)

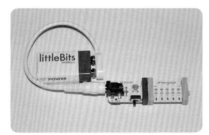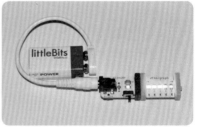

　위에서 보이는 두 가지 사진을 비교해 보면 어떤 차이점이 있나요?

　오른쪽 사진은 무엇 때문에 빛이 날까요?

어떤 물체를 움직이거나 동작시키기 위해 필요한 것은 무엇일까요?

자, 한번 연결해 보고 확인해 보죠. 방법은 플라스틱 부분을 자석처럼 서로 붙는 쪽으로 연결합니다.

◉ 다르게 연결하여 나타내기

전화기를 갖고 있는 사람들끼리 서로 전화를 걸고 받은 다음에 대화를 할 수 있듯이 물건들도 대화를 하기 위해서는 물건들끼리 연결이 되어야 한답니다.

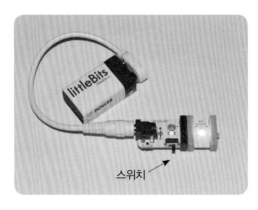

스위치

1 배터리, 불빛

불빛이 켜지려면 스위치를 옮겨 켜야 합니다.

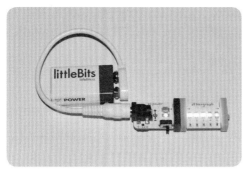

2 배터리, 불빛, 여러 불빛

여러 개의 불빛을
켜기 위해서도
역시 스위치와
배터리가 필요합니다.

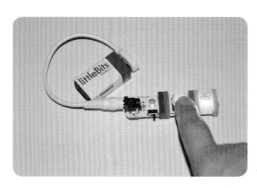

3 배터리, 불빛, 버튼

이제는 버튼을 연결해서
불을 켜 봅시다.
버튼을 누를 때 켜지고,
손가락을 떼면 꺼집니다.

4 배터리, 버튼 불빛, 여러 불빛

한 개의 불빛과
여러 개의 불빛을 동시에
버튼을 사용하여
껐다 켰다 할 수 있습니다.

오늘 수업한 활동에서 불빛을 켜기 위해서는 배터리가 있어야 하는 것을 알 수 있어요. 어떤 물체를 움직이거나 작동시키려면 반드시 배터리와 같은 에너지가 필요해요.

그리고 불빛을 끄거나 켜기 위해서는 버튼도 필요하네요. 계속 불빛을 켜두면 언젠가는 불빛이 사라지겠죠? 그러니 필요할 때만 켜고 필요 없을 때는 끄는 버튼도 잘 사용해야 해요.

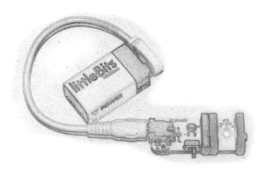

part 03 | **03차시**

> 리틀비츠 하나 씩 살펴볼까요? 1
(Base Kit)

03 리틀비츠 하나 씩 살펴볼까요? 1
(Base Kit)

대주제	리틀비츠 모듈 기능
핵심 단어	리틀비츠, 모듈
영 역	리틀비츠 각각의 모듈의 기능 – Base Kit

1 활동 목표

리틀비츠의 Base Kit에 있는 각 빗의 기능을 이해할 수 있다.

2 활동 자료

리틀비츠 Base Kit 10가지 빗의 기능 확인 사진자료

3 활동 방법

리틀비츠 Base Kit 10가지를 한 가지씩 연결해 보고 기능을 확인한다.

🌀 리틀비츠 Base Kit에는 어떤 것들이 있나요?

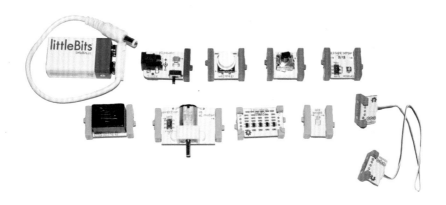

첫 번째는 이런 물체들을 움직이려면 힘이 필요하겠죠? 다른 말로 **에너지**라고 합니다. 에너지를 전달해주는 종류가 있어요.

두 번째는 힘을 전달받아서 내가 하고 싶은 것을 물체에 전달하는 것으로 **입력**이라고 합니다. 어떤 일을 하도록 입력을 합니다.

세 번째는 입력 받은 물체가 전달 받은 대로 표현하는 것을 **출력**이라고 합니다. 내가 생각했던 것이 나타나는 것입니다.

네 번째는 서로를 연결해주는 선도 있습니다. 길게 만들 경우 사용할 수 있어요.

◉ 리틀비츠의 에너지를 전달하는 물체(빗)는 어떤 것들이 있는지 살펴봅시다.

◎ 리틀비츠 배터리와 배터리를 연결하는 케이블이 보입니다.

그리고 배터리의 에너지를 쓸 수 있거나 혹은 쓰지 못하게 하는 물체가 보입니다.

앞으로 이런 물체 하나하나를 빗이라고 부르겠습니다.

배터리 + 케이블
(Battery + Cable)

전원 빗
(Power Bit)

리틀비츠에서는 색깔로 그 빗의 기능을 구분할 수도 있습니다.

여기보이는 사진처럼 파란색이면 에너지를 쓰거나 주는 기능을 맡고 있습니다.

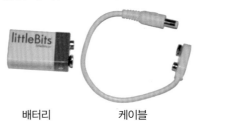
배터리   케이블

배터리

리틀비츠의 에너지는 9~12V의 에너지가 필요합니다. 여기 있는 배터리는 9V입니다.

혹시 사용하다 배터리를 다 써 버렸다면 위와 같은 9V 배터리를 사서 연결하면 되겠죠?

배터리 위쪽을 보면 연결하는 곳의 크기가 서로 달라요.

에너지 빗의 두 번째 빗을 살펴봅시다. 이것은 **전원빗**이라고 해요.

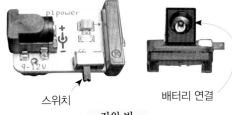

스위치   배터리 연결

전원 빗

배터리에서 연결된 전선의 동그란 부분을 연결하는 곳이 있고, 왼쪽 오른쪽으로 움직이는 스위치도 보입니다. 그리고 9~12V라고 쓰여 있어요.

스위치가 왼쪽에 있으면 off입니다. 즉 전기가 흐르지 않아요. 그러면 에너지가 없는 상태라서 아무 일도 못해요.

그러나 오른쪽으로 스위치를 바꾸면 전기가 흘러서 리틀비츠들이 어떤 동작을 할 수 있는 상태가 됩니다.

반대쪽은 파란색 플라스틱과 중간에 튀어 나온 부분도 보입니다.

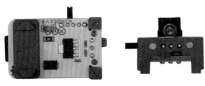

전원 빗

플라스틱 부분은 다른 빗과 연결할 때 쓰는 부분입니다.

◎ 두 번째는 여러 분들이 생각하는 것을 전달시키고 싶은 입력 빗에 대하여 알아봅시다.

버튼 빗
(Button Bit)

디머 빗
(Dimmer Bit)

라이트 센서 빗
(Light Sensor Bit)

세 가지 모양의 입력 빗이 있습니다.

하나는 버튼모양, 하나는 돌리는 손잡이 모양, 하나는 센서라는 것이 있어요.

센서라는 빗은 우리 주위에 있는 불빛, 소리 등 여러 가지 자연현상에 대해 움직이거나 다른 일을 할 수 있게 해줍니다.

처음의 **버튼 빗**은 전기가 흘러서 에너지가 있다면 버튼을 누르거나 안 누를 경우 다음 빗에 연결된 것들이 작동이 되거나 안 되는

버튼 빗

것을 확인할 수 있어요. 여러분들의 집에 있는 전등 스위치와 같은 역할을 한다고 생각하면 되겠어요.

다음은 둥글게 돌릴 수 있는 손잡이 같은 빗
입니다. 이것은 **디머 빗**이라고 해요.

이 빗은 여러 빗의 크기와 세기를 조금씩 바
꿀 수 있도록 하는 역할을 해요.

디머 빗

불빛을 점점 세게 하던지, 소리를 점점 크게 하던지 할 경우
필요해요.

다음은 **라이트 센서 빗**이라는 똑똑한 빗이
있습니다.

이 빗은 우리 주위에 빛이 있는 것을 확인해
서 빛의 밝기에 따라서 다른 빗들이 동작을

라이트 센서 빗

할 수 있게 만들 수 있어요.

우리 주위에서는 하루의 시간이 낮에서 밤으로 흘러가면 가로
등 불빛이 자동으로 켜지게 만들 수도 있어요.

◎ 세 번째는 출력 빗이 있어요.

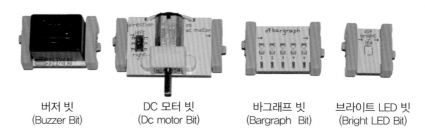

버저 빗
(Buzzer Bit)

DC 모터 빗
(Dc motor Bit)

바그래프 빗
(Bargraph Bit)

브라이트 LED 빗
(Bright LED Bit)

출력 빗은 여러분들이 생각해서 입력했던 것들이 표현될 수 있도록 나타나는 것이예요.

하나씩 보도록 할게요.

이 빗은 한 개의 밝은 불빛을 보여줄 수 있는 출력 빗 이예요. 밝기가 밝아서 **브라이트 LED 빗**이라고 해요. 전기가 흐르면 밝은 한 개의 LED전구가 불빛을 낼 수 있어요.

브라이트 LED 빗

전기가 흐르면 이 빗은 가운데 작은 쇠 부분이 빙글빙글 돌아갈 수 있답니다. **DC 모터 빗**이라고 해요. 정말 여러 가지 물체를 만들어 볼 수 있겠죠?

풍차, 자동차, 세탁기, 헤어드라이기, 믹서 등등

DC 모터 빗

이번에는 조금 전에 봤던 LED 전구가 5개가 있어요. **바그래프 빗**이라고 해요. 그리고 LED전구는 서로 다른 색깔의 불빛을 낼 수 있답니다. 그리고 화살표 방향대로 차례로 불빛을 볼 수도 있어요.

바그래프 빗

이번에는 소리를 낼 수 있는 빗 이예요. **버저 빗**이라고 해요.

어떤 소리가 나는지 궁금하네요.

버저 빗

◎ 다음은 이런 빗을 서로 서로 연결해 주는 케이블이 있어요.

이렇게 양쪽에 빗이 붙어 있어요. 서로 다른 종류의 빗끼리 연결 되어 있다면 서로를 연결해서 더 많은 물체를 만들 수 있고, 다른 방향으로 연결할 수 있도록 도울 수 있어요.

와이어 빗
(Wire Bit)

◉ 리틀비츠 Base Kit의 빗들을 하나 씩 연결해 보고 어떤 기능을 하는 지 확인해 봅시다.

배터리 + 케이블

우선 에너지를 전달하는 9V 배터리 위에 크기가 다른 2가지 모양의 연결부분이 있습니다. +극과 − 극이 모양과 크기가 서로 다르게 되어 있습니다.

배터리 + 케이블

서로 다른 모양끼리 잘 맞춰 배터리와 전선을 연결합니다. 왼쪽과 같이 연결하면 에너지 전달 준비가 완성되었습니다.

배터리 + 케이블 + 전원 빗

이번에는 배터리에 연결된 전선에 직접 전원빗을 연결합니다.

전원 빗 옆에 있는 스위치가 off이면 전원 빗에 불이 켜지지
않습니다.
하지만 on으로 해 놓으면 빨간 불이 켜집니다.
이 불빛을 보고 배터리에 에너지가 있는지 확인할 수 있습니다.

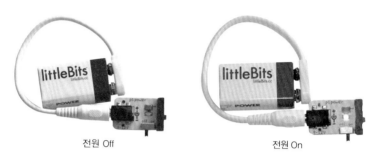

전원 Off   전원 On

배터리 + 케이블 + 전원 빗

이번에는 전원과 입력장치만
연결해 보겠습니다

배터리 + 케이블 + 전원 빗 + 버튼 빗

전원 빗과 버튼 빗을 연결했습니다.
전원빗에 있는 스위치를 켜서
불이 들어왔는지 확인합니다.
버튼 빗을 전원 빗에 연결하면
2가지 경우가 있습니다.
자석은 같은 극끼리 밀어내고,
다른 극끼리 붙는 성질이 있습니다.

배터리 + 케이블 + 전원 빗 + 버튼 빗

붙여봐서 안 붙으면 반대쪽으로 붙여봅니다.

전기는 흐르는 데 버튼을 눌러도 아무 반응이 없죠?

버튼 빗을 눌렀을 때 전기는 흐르는 데 버튼 빗 다음에 표현할 출력 빗이 없어 아무 반응이 없는 거예요. 그럼 이제 하나 더 연결해 볼까요?

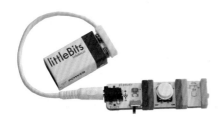

배터리+케이블+
전원 빗+버튼 빗+
브라이트 LED 빗을
연결 해 봅시다.

배터리 + 케이블 + 전원 빗 + 버튼 빗 + 브라이트 LED 빗

배터리 + 케이블 + 전원 빗
+ 버튼 빗 + 브라이트 LED 빗

자, 이제는 버튼을 누르면
브라이트 LED 빗에 불빛이 켜집니다.
그래서 브라이트 LED 빗을
출력빗이라고 합니다.

버튼 빗과 같은 입력빗으로
동작을 하라고 할 경우
출력 빗인 브라이트 LED 빗에서는
불빛이 켜지게 됩니다.

이와 같이 리틀비츠 빗들은 기본적으로 전원 빗과 입력 빗과 출력 빗으로 만들어야 결과를 확인할 수 있답니다.

part 04 | # 04차시

> ## 리틀비츠 하나 씩 살펴볼까요? 2
> (CloudBits starter Kit)

04 리틀비츠 하나 씩 살펴볼까요? 2
(CloudBits starter Kit)

 대주제 리틀비츠 원리

 핵심 단어 리틀비츠

 영 역 리틀비츠 이해와 원리
– CloudBits starter Kit

1 활동 목표

리틀비츠의 CloudBits starter Kit 각각 빗의 기능을
이해할 수 있다.

2 활동 자료

리틀비츠 CloudBits starter Kit 5가지 빗과 기타 자료

3 활동 방법

리틀비츠 CloudBits starter Kit 5가지와 기타 자료를
한 가지씩 연결해 보고 기능을 확인한다.

◉ 리틀비츠 CloudBits starter Kit에는 어떤 것들이 있나요?

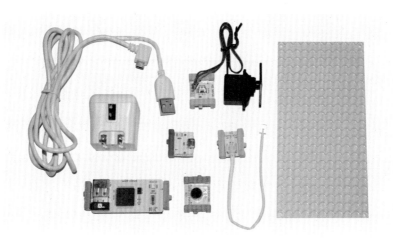

▲ 리틀비츠 CloudBits starter Kit

리틀비츠 Base kit와 비슷한 색깔들이 보이죠?

Base kit와 같이 에너지를 만드는 기능과 입력기능, 출력기능 역할을 하고 있어요.

그런데 3가지 색깔 빗 외에 오렌지 색깔을 갖고 있는 빗이 하나 더 있어요.

이 빗은 정말 신기한 기능을 갖고 있어 우리 책 제목인 사물인 터넷을 만들어 주는 데 아주 중요한 역할을 하게 된답니다.

◉ 리틀비츠의 에너지를 주는 물체(빗)는 어떤 것들이 있는지 살펴봅시다.

USB 전원 어뎁터 + USB 케이블

에너지를 사용할 수 있게 만드는 장치와 그 에너지를 리틀비츠에 전달하는 빗이 있어요.

지난번 Base Kit에서는 배터리를 이용해서 에너지를 사용했어요.

이번에는 집에서 사용하는 콘센트에 바로 꽂아서 배터리를 다시 사야하는 걱정은 안 해도 되겠어요. 또는 컴퓨터에 있는 USB에 꽂아 쓸 수도 있어요.

USB 전원 어뎁터 + USB 케이블
+ USB 전원 빗

이제는 전기를 연결했으니 리틀비츠로 전기를 보내주는 파란색 빗을 한번 보도록 하죠.

지난번에는 동그란 모양으로 연결했었는데 이번에는 스마트폰을 충전할 때 쓰는 USB 충전 모양입니다.

이번에는 입력 빗을 살펴볼게요.

버튼 빗이 또 있고요. 검
은색 모양의 빗이 하나 있
어요.

버튼 빗   사운드 트리거 빗
(Button Bit)   (Sound trigger Bit)

버튼 빗

지난번처럼 **버튼**이 보이죠. 이 빗의 억할
은 리틀비츠를 동작하게 하거나 멈추게 하
는 기능이 있어요.

또 다른 빗은 **사운드 트리거**라고 해요.
트리거는 방아쇠라는 뜻을 갖고 있어요.

사운드 트리거 빗

지난번 불빛에 반응하는 라이트 센서 빗
과 같이 이번에는 소리에 반응하는 센서
빗이예요. 우리 주변에서 소리가 날 때 다
른 반응을 할 수 있어요. 이것 역시 많은 것들을 만들 수 있을
것 같아요. 우리가 키우는 개, 고양이는 지금은 우리와 울음소
리로만 대화하지요.

사운드 트리거 빗을 활용하면 개와 고양이의 더 많은 것을 이
해할 수 있을 거예요.

다음으로 출력 빗에 대하여 알아보겠어요.

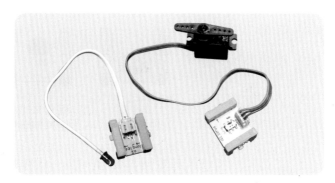

출력빗

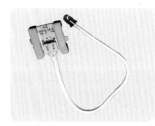

롱 LED 빗 (Long LED Bit)

두 가지가 있는 LED 빗과 비슷한 것과 모터가 달려 있는 게 보여요.

불빛을 낼 수 있는 LED가 있는데 지난번처럼 LED전구가 붙어 있지 않고 길게 나와 있어요. 이름은 롱 LED 빗이라고 해요. 롱 LED 빗은 불빛이 밖으로 나와 있어 불빛을 좀 더 정확히 구분할 수 있답니다.

서보 모터 빗 (Servo Motor Bit)

모터(전동기)가 달려 있는 빗이 있어요. 정확한 이름은 서보 모터 빗이라고 해요. 모터에 날개가 달려 있어 여러 가지 물체를 좀 더 많이 생각해서 꾸며볼 수 있을 것 같아요.

이번에는 클라우드 비츠 스타터 킷에서 가장 중요한 역할을 맡고 있는 빗 이 예요.

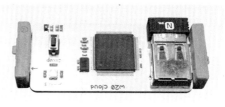

클라우드 빗 (Cloud Bit)

클라우드 빗 이라고 해요.

이 빗은 여러 분들이 만들어 놓은 리틀비츠 완성품을 인터넷과 연결해서 스마트폰으로도 원하는 동작을 하도록 할 수 있답니다.

고양이를 집에 놔두고 나왔는데, 가족 모두 밖에 있어 먹이를 주지 못하면 안타깝겠죠?

이때 클라우드 빗을 사용한다면 고민을 해결할 수 있답니다.

다음은 빗은 아니지만 여기 저기 돌아다니는 리틀비츠들을 불러 모아서 움직이지 않게 하는 **마운팅 보드**라는 것이 있어요.

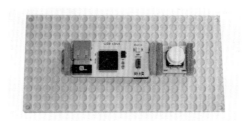

마운팅 보드 (Mounting Board Bit)

블록장난감의 Base와 같이 보드위에 리틀비츠 빗들을 놓아서

한 눈에 볼 수 있게 되어 있어요. 빗을 잃어버리지 않을 수 있고, 다른 사람과 같이 만들어 가도 서로 잘 이해할 수 있겠죠?

part 05 | # 05차시

> 컴퓨터와 리틀비츠는 같을까?

05 컴퓨터와 리틀비츠는 같을까?

 대주제 컴퓨터와 리틀비츠 비교

 핵심단어 컴퓨터, 리틀비츠

영 역 컴퓨터와 리틀비츠가 움직이는 원리 비교

1 활동 목표

컴퓨터의 기본원리를 리틀비츠 연결과 비교하여
원리를 이해할 수 있다.

2 활동 자료

리틀비츠 Base Kit의 기본 연결

3 활동 방법

컴퓨터 실행 사진과 리틀비츠의 연결방법을
비교하여 보기

ⓦ 컴퓨터가 작동되는 기본 원리는 무엇인가?

학교나 집에 있는 컴퓨터를 사용해 본적이 있죠?

컴퓨터를 어떤 순서로 사용하는지 알죠?

먼저 컴퓨터 전원을 켜고, 컴퓨터가 움직이는 설 기다립니다.
컴퓨터 안에는 밖에서 보내주는 전기를 받아 컴퓨터 안에서 쓸
수 있는 장치가 있어요.

모니터에 내용이 보이면, 키보드와 마우스를 사용하여 모니터
로 컴퓨터와 대화가 가능해요.

⬤ 리틀비츠의 전원과 입력

이번에는 리틀비츠가 작동되는 과정을 알아봐요.

우선 컴퓨터처럼 전원 역할을 하는 배터리가 필요해요.

배터리에서 나오는 전기를 전해주는 케이블도 필요하죠?

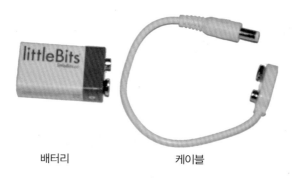

배터리   케이블

이제, 배터리에 케이블을 연결하고, 컴퓨터 처럼 배터리의 전기를 리틀비츠가 쓸 수 있 도록 바꿔주는 빗이 있어요.

전원 빗

배터리와 케이블 그리고 리틀비츠를 쓸 수 있는 전기로 바꿔주는 빗을 연결해 봅시다.

배터리 + 케이블 + 전원 빗

이제는 필요한 전기가 있으니 컴퓨터의 키보드나 마우스처럼 필요한 동작을 하기 위해 **입력** 역할을 하는 빗을 연결해 봅시다.

입력 빗은 뭐가 있을 까요?

버튼 빗이 있겠죠? 그리고 디머 빗, 라이트 센서 빗이 있어요.

버튼 빗은 전기가 흐르게 하거나 흐르지 않게 리틀비츠 동작을 서로 바꿀 수 있어요.

버튼 빗

디머 빗도 역시 손잡이를 돌려가며 동작크기를 크게 하거나 작게 할 수 있어요.

디머 빗

라이트 센서 빗도 우리 주위에 불빛이 있으면 리틀비츠 동작을 바꿀 수 있어요.

라이트 센서 빗

● 리틀비츠의 전원과 입력 그리고 출력

앞서 만든 리틀비츠에 이제는 무슨 동작을 할지 결정 해봐요.

컴퓨터에서는 키보드로 입력하면 글자가 모니터에 써지고, 마우스로 클릭하면 어떤 것을 선택한 결과를 볼 수 있어요. 이것을 **출력**이라고 해요.

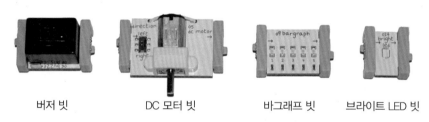

| 버저 빗 | DC 모터 빗 | 바그래프 빗 | 브라이트 LED 빗 |

리틀비츠도 입력 빗으로 결과를 확인해 볼 수 있는 여러 가지 빗들이 있어요.

전동기가 돌아가서 움직임을 확인할 수 있고, 소리를 내어 동작을 확인할 수 도 있어요. 그리고 여러 개의 LED를 통하여 불빛이 들어오는 정도로 동작을 확인 할 수도 있답니다.

입력 빗은 버튼 빗으로 하고 하나씩 연결해보죠.

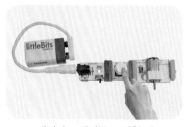

배터리 + 케이블 + 전원 빗
+ 버튼 빗 + DC 모터 빗

DC 모터 빗을 연결합니다.
버튼 빗을 누르니 돌아갑니다.

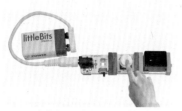

배터리 + 케이블 + 전원 빗
+ 버튼 빗 + 버저 빗

이번에는 버저 빗을 연결합니다.

책으로는 확인 안 되지만,
삐~ 하는 소리가 나네요.

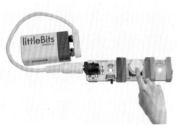

배터리 + 케이블 + 전원 빗
+ 버튼 빗 + 브라이트 LED 빗

이번에는 확인이 가능한 것을
해봅니다.
브라이트 LED 전구 하나만 있는
것을 연결해봅니다.

확실히 밝은 브라이트 LED 빗
불빛을 확인할 수 있어요.

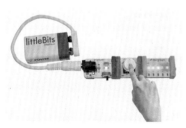

배터리 + 케이블 + 전원 빗
+ 버튼 빗 + 바그래프 빗

이번에는 여러 개의 불빛을
연결해 봅니다.

한 번에 모든 불빛이 들어옵니다.

◉ 컴퓨터가 움직이는 과정과 리틀비츠가 움직이는 과정 비교하기

이제는 컴퓨터가 움직이는 과정과 리틀비츠가 움직이는 과정이 비슷한 걸 확인할 수 있죠?

전원(전기), 입력, 출력 세 가지의 기본적인 원리로 필요한 것들을 완성할 수 있어요.

이제는 여러분의 아이디어로 많은 것들을 만들어 봅시다.

리틀빗으로 시작하는 IoT(사물인터넷)

part 06 | 06차시

> 리틀비츠의 센서 빗 이해하기

06 리틀비츠의 센서 빗 이해하기

 대주제 리틀비츠 센서 빗 이해

 핵심 단어 리틀비츠, 센서 빗

영 역 리틀비츠의 센서 빗으로 활용하는 방법 생각해 보기

1 활동 목표

디머 빗을 사용하여 출력크기를 바꿀 수 있음을
알 수 있다.

2 활동 자료

리틀비츠 Base Kit의 전원, 전원 빗, 디머 빗,
출력 빗(버저 빗, 바그래프 빗, DC 모터 빗, 브라이트 LED 빗)

3 활동 방법

디머 빗의 조절에 따라 출력되는 움직임의 크기를
바꿔보기

◉ 스피커 소리 조절하기

음악을 듣기 위해서 스피커를 활용하는 거 알죠?

음악은 소리가 작기 때문에 스피커를 활용하면 좀 더 크게 들을 수 있어요.

그러나 소리가 너무 크게 들리면 다시 소리를 줄여 줘야 해요.

스피커는 소리를 전달해서 크게 들리게 하지만 이 소리가 너무 크다면 다른 사람들에게 방해가 될 수 있겠죠?

이 때는 소리크기를 바꿀 수 있는 조절기가 필요합니다.

리틀비츠에서도 이렇게 출력되는 크기를 조절할 수 있는 방법이 있답니다.

◉ 리틀비츠의 디머 빗 활용하기

리틀비츠에서 전기와 입력, 출력이라는 간단한 원리로 동작하는 것을 배웠죠?

그리고 버튼입력에 따라 출력되는 것도 확인했고요.

이번에는 출력크기를 조절할 수 있는 방법을 찾아보겠습니다.

입력 빗 중에 디머 빗이라고 있어요.

가운데 보면 크기를 바꿀 수 있는 돌아가는 손잡이가 있어요.

이것으로 그 크기를 바꿀 수 있답니다.

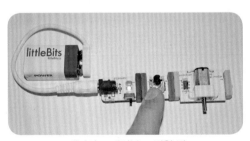

배터리 + 케이블 + 전원 빗
+ 디머 빗 + DC 모터 빗

이제 출력 빗을 하나씩 연결해 봅시다.

DC 모터 빗을 연결해서 출력크기를 바꿔 봅시다.

디머 빗의 손잡이를 오른쪽 방향으로 돌릴 때 마다 돌아가는 속도가 빨라집니다.

이번에는 브라이트 LED 빗을 연결해 봅시다.

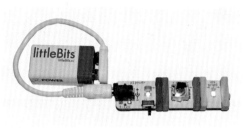

디머 빗의 손잡이를 오른쪽으로 돌리면 밝기가 점점 밝아지죠?

배터리 + 케이블 + 전원 빗 + 디머 빗
+ 브라이트 LED 빗

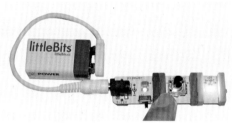

배터리 + 케이블 + 전원 빗 + 디머 빗
+ 브라이트 LED 빗

이번에는 여러 개 LED가 달려 있는 바그래프 빗을 연결해 보죠.

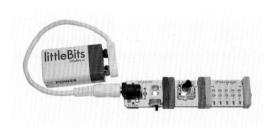

배터리 + 케이블 + 전원 빗 + 디머 빗
+ 바그래프 빗

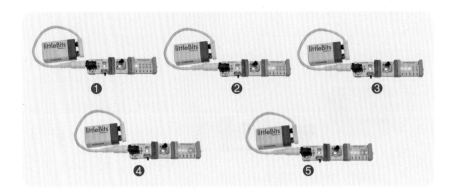

이번에는 LED 불빛이 서로 다른 색깔이 보이고 순서대로 불빛이 들어오는 것을 확인할 수 있답니다.

이번에는 버저 빗을 연결해서 조금 전 크게 들리던 소리의 크기를 바꿔봅시다.

배터리 + 케이블 + 전원 빗 + 디머 빗 + 버저 빗

역시 손잡이를 돌리는 방향에 따라 소리의 크기가 달라진답니다. 그러나 책에서 확인이 안 되죠?

어떻게 할까요?

리틀비츠가 연결된 가운데 눈으로 확인할 수 있는 방법을 찾아 봅시다.

브라이트 LED 빗이나 바그래프 빗을 연결하여 소리를 구분할 수 있어요.

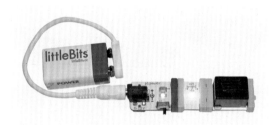

배터리 + 케이블 + 전원 빗 + 브라이트 LED 빗 + 버저 빗

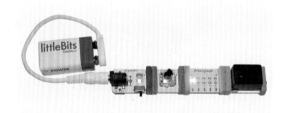

배터리 + 케이블 + 전원 빗 + 디머 빗 + 바그래프 빗 + 버저 빗

그런데 브라이트 LED 빗은 하나의 불빛이라 확인이 조금 힘들죠? 바그래프 빗으로 연결하여 소리의 크기에 따라 같이 변하는지 관찰해 봅시다.

이렇게 리틀비츠는 디머 빗과 같은 역할을 하는 입력장치가 있다면 출력 결과 크기를 쉽게 조절 할 수 있답니다.

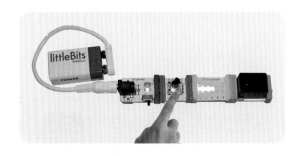

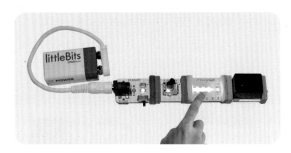

배터리 + 케이블 + 전원 빗 + 디머 빗 + 바그래프 빗 + 버저 빗

part 07 | # 07차시

> 리틀비츠는 컴퓨터와 스마트폰처럼
> 움직여요

07 리틀비츠는 컴퓨터와 스마트폰처럼 움직여요

대주제 리틀비츠와 컴퓨터와 스마트폰 원리

핵심단어 리틀비츠, 컴퓨터와 스마트폰

영역 리틀비츠가 작동되는 원리를 컴퓨터와 스마트폰이 작동되는 원리와 비교

1 활동 목표

리틀비츠의 기본적인 작동 원리를 컴퓨터와 스마트폰이 작동되는 원리와 비교할 수 있다.

2 활동 자료

리틀비츠 Base Kit과 컴퓨터와 스마트폰이 작동되는 원리 사진

3 활동 방법

리틀비츠 base kit의 기본적인 구성(전원, 입력, 출력, 조절)을 컴퓨터와 스마트폰의 작동 원리와 비교하여 본다.

🌐 컴퓨터와 스마트폰은 이렇게 움직여요

여러분들이 집에서 쓰는 컴퓨터는 기본적으로 본체와 모니터, 키보드, 마우스, 프린터로 되어 있죠?

그리고 여러분들의 스마트폰을 보면 스마트폰과 스마트폰의 화면, 화면 안에 있는 키보드가 기본적으로 되어 있어요.

컴퓨터나 스마트 폰 모두 전기가 필요하고 그 전기를 활용하여 작동됩니다.

이렇게 시작되는 컴퓨터나 스마트 폰은 모니터나 화면을 통해 확인할 수 있습니다.

확인이 끝난 다음 필요한 명령이나 작업을 키보드를 통하여 전달합니다.

⊙ 리틀비츠와 컴퓨터와 스마트폰을 비교해 봐요

리틀비츠도 컴퓨터와 스마트폰처럼 작동해요.

리틀비츠를 기본적으로 연결하기 위해 Base Kit을 활용해 봅시다.

배터리, 케이블, 전원 빗, 입력 빗, 출력 빗을 연결합니다.

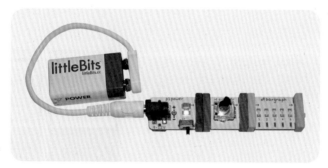

배터리 + 케이블 + 전원 빗 + 디머 빗 + 바그래프 빗

컴퓨터와 스마트폰 그리고 리틀비츠가 작동하는 원리를 비교하여 봅시다.

첫 번째, 컴퓨터와 스마트 폰에서 리틀비츠의 배터리역할을 하는 것이 집에서 쓰는 전기나 배터리예요.

　두 번째로 컴퓨터가 시작되는 과정을 비교해 보면 컴퓨터는 본체에 전기가 들어오면 모니터에 윈도우가 실행 되는 과정을 보여줍니다. 스마트폰에서도 꺼져있는 화면을 보기 위해 전원 버튼을 누르면 스마트폰을 쓸 수 있는 과정이 진행 된답니다.

전원 On　　　　　　　　　　　　전원 Off

　이것은 리틀비츠에서 배터리의 전기가 전원 빗을 통해 스위치 버튼이 on으로 바뀌면 리틀비츠에 전기가 들어오는 것을 모니터처럼 불빛이 들어오는 것을 보고 확인할 수 있어요.

 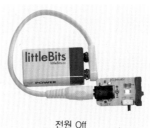

전원 On　　　　　　　　　　　　전원 Off

세 번째는 컴퓨터가 윈도우를 보여주고 나면 우리가 사진을 볼 경우 마우스나 키보드와 같은 장치로 필요한 명령을 내려 사진을 볼 수 있어요. 마찬가지로 스마트폰에서도 사진을 보려고 하면 앱을 손가락이나 펜으로 터치 명령을 실행하여 볼 수 있어요.

  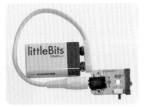

리틀비츠에서도 불빛을 보고 싶을 경우 입력 빗을 연결하여 볼 수 있거나 보지 않게 정할 수 있어요.

컴퓨터와 스마트폰 그리고 리틀비츠는 전기, 입력, 출력의 방법이 서로 같다는 것을 알 수 있어요.

리틀비츠도 작은 컴퓨터가 될 수 있다고 생각할 수 있어요.

◉ 리틀비츠는 컴퓨터와 스마트폰처럼 작동해요

리틀비츠는 컴퓨터와 스마트폰을 쓰는 것처럼 전기와 입력, 출력에 따라 움직이는 기계랍니다.

그래서 여러분들이 어떤 도구를 만들거나 표현하고 싶을 때에는 **전기, 입력, 출력** 3가지를 기본적으로 생각하고, 그 도구도 그것에 따라 같은 역할을 하는 빗을 선택하여 만들면 된답니다.

part 08 | 08차시

> 리틀비츠 와이어 빗 활용하기

08 리틀비츠 와이어 빗 활용하기

 대주제 리틀비츠에서 와이어 빗 활용

핵심 단어 리틀비츠, 와이어 빗

영역 리틀비츠에서 와이어 빗을 활용하여 쓰기

 활동 목표

리틀비츠에서 와이어 빗을 활용하여 나누어 지는 것을 확인할 수 있다.

2 활동 자료

리틀비츠 Base Kit의 와이어 빗

3 활동 방법

리틀비츠를 와이어 빗을 활용하여 다른 방법으로 연결 할 수 있는 것을 이해한다.

◉ 다른 방법으로 만드는 리틀비츠

우리는 리틀비츠의 빗들을 이용하여 한 방향으로 된 것만 만들 수 있었어요.

그런데 우리 주변의 도구들은 굽어진 것도 있고, 다른 방향으로 만든 것도 있어요.

이런 도구들을 만들려면 한 방향으로만 된 것은 힘들 것 같아요.

▲ 굽어진 도구들

◉ 와이어 빗(Wirw Bit) 소개

리틀비츠에서 마지막으로 소개하는 것은 선으로 된 빗이에요.

와이어 빗은 자석을 일렬로 붙여서 표현하는 리틀비츠를 다른 방향으로 연결하여 표현할 수 있게 만들어 준답니다.

그럼 와이어 빗을 연결하여 다른 방향에서도 연결이 되는지 알아봅시다.

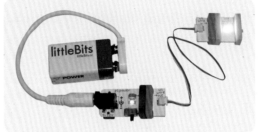

배터리 + 케이블 + 전원 빗 + 와이어 빗 + 브라이트 LED 빗

와이어 빗이 놓이는 곳에 따라 빛을 여러 곳에서도 볼 수 있죠? 이렇게 와이어 빗을 활용하면 정해진 곳에서 벗어난 곳에 빗들을 연결 할 수 있어요.

● 와이어 빗을 활용한 도구 만들어 보기

자 그럼 리틀비츠에서 와이어 빗을 활용하여 친구들에게 면봉 돌리기 도구를 한번 만들어 봐요.

배터리, 케이블, 전원 빗, 버튼 빗, 와이어 빗, 모터와 모터친구(면봉을 고정 시킬 수 있는 도구) 그리고 면봉이 필요해요.

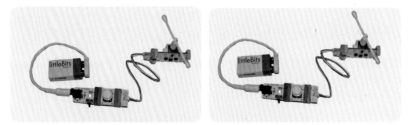

배터리 + 케이블 + 전원 빗 + 버튼 빗 + 와이어 빗
+ DC 모터 빗 + 모터친구 + 면봉

part 09 | **09차시**

> 리틀비츠로 IoT 기본 도구 만들기 1

09 리틀비츠로 IoT 기본 도구 만들기 1

대주제 리틀비츠를 활용한 도구

**핵심
단어** 리틀비츠, 도구, 생활

영역 리틀비츠를 연결하여 간단한 도구 만들기 1
– 초인종 만들기

1 활동 목표

리틀비츠의 기본적인 연결을 통해 초인종을 만들어
보고 생활에 활용될 수 있음을 확인 할 수 있다.

2 활동 자료

리틀비츠 Base Kit (버저 빗, 버튼 빗, 디머 빗, 전원 빗),
재활용 과자 상자 한 개, 양면테이프, 가위, 칼

3 활동 방법

초인종 원리를 이해하고, 간단한 초인종을 리틀비츠를
통해 간단히 만들어 볼 수 있다.

● 생활에 이용되는 초인종

우리 집 앞에 있는 초인종(도어 벨)은 여러 가지 형태를 갖고 있어요.

기본적으로 버튼이 필요하고, 버튼을 누를 때 전기를 보낼 수 있도록 전원이 있어야 겠어요. 그리고 누를 경우 누른 다음 신호를 받아 소리가 나야 하겠죠?

자, 그럼 리틀비츠를 이용하여 초인종을 만들어 봅시다.

◉ 초인종을 만들 때 필요한 리틀비츠와 준비물

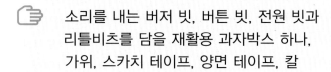 소리를 내는 버저 빗, 버튼 빗, 전원 빗과
리틀비츠를 담을 재활용 과자박스 하나,
가위, 스카치 테이프, 양면 테이프, 칼

– 배터리, 케이블, 전원 빗, 버튼 빗, 버저 빗 순서로
리틀비츠를 연결합니다.

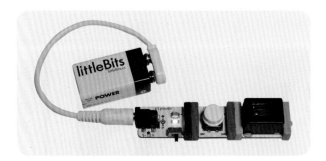

1 재활용 과자 박스의 옆면을
자릅니다.

2 버튼 빗이 들어 갈 곳에
칼로 구멍을 만들어 맞추어
봅니다.(버튼 빗을 종이에
대고 원을 그려봅니다)

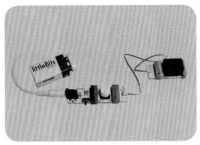

배터리 + 케이블 + 전원 빗 + 버튼 빗
+ 와이어 빗 + 버저 빗

3 뒤집어서 안쪽 면이 보이게 접고,
덮개 역할 하는 부분만 남겨
두고 상자 모양에 맞게 스카치
테이프를 붙입니다.

4 상자 구멍 크기에 맞게 버튼 빗을
잘 맞추려면 와이어 빗을
활용하여 버저 빗과 버튼 빗을
연결합니다.

5 상자 구멍에 양면 테이프를
붙이고, 구멍 크기 만큼
자릅니다.

6 상자 구멍 위치에 맞게 먼저
버튼 빗을 맞추고 와이어 빗으로
버저를 적당한 위치에
놓습니다.

7 나머지 상자의 옆면을
스카치테이프로 붙입니다.

⊚ 리틀비츠 부품을 더 연결 해 보기

  – 버저 소리의 크기를 조절 하려면 어떤 빗을 연결해야 할
까요?

  – 버저 소리의 크기 정도를 빛으로 확인하려면 어떤 빗을
연결해야 할까요?

part 10 | **10차시**

> 리틀비츠로 IoT 기본 도구 만들기 2

10 리틀비츠로 IoT 기본 도구 만들기 2

 대주제 리틀비츠를 활용한 도구

 핵심 단어 리틀비츠, 도구, 생활

 영 역 리틀비츠를 연결하여 간단한 도구 만들기 2
－ 라이트 센서 만들기

1 활동 목표

리틀비츠의 라이트 센서 빛 연결을 활용하여 우리 집 앞에 주위의 밝기에 따라 불이 켜지는 전등을 만들 수 있다.

2 활동 자료

리틀비츠 Base Kit(배터리, 케이블, 전원 빛, 라이트 센서 빛, 바그래프 빛, 브라이트 LED 빛), 선, 20cm의 빈 과자상자, 칼, 스카치 테이프

3 활동 방법

가로등의 불빛이 라이트 센서로 움직이는 것을 이해하고, 간단한 가로등 센서 등을 리틀비츠로 만들어 본다.

◉ 생활에 이용되는 손전등과 라이트 센서

어두운 골목길을 밝게 비추기 위해 쓰이는 손전등이 있어요.
좀 더 똑똑한 방법으로 밝게 비추려면 주위가 어두워질 때 자
동으로 가로등이 켜지는 라이트 센서를 활용할 수도 있어요.

◉ 리틀비츠 부품을 연결 해 보기

- 불빛을 내기 위해 브라이트 LED 빗을 활용한다.
- 주위의 밝기에 따라 작동하는 라이트 센서 빗을
  활용한다.
- 어느 정도의 밝기인지 확인하기 위해 바그래프
  빗으로 밝기 정도를 확인할 수 있다.

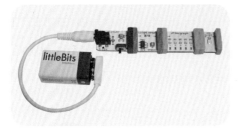

1 배터리, 케이블, 전원 빗,
라이트 센서 빗,
바그래프 빗,
브라이트 LED 빗을
연결합니다.

2 밝은 곳에서 전원을 켜고
바그래프 빗에 몇 개의
불빛이 보이는지 확인하고
브라이트 LED 빗의 불빛이
들어오는지 확인합니다.

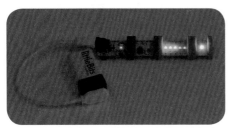

배터리 + 케이블 + 전원 빗 + 라이트 센서 빗
+ 바그래프 빗 + 브라이트 LED 빗

3 어두운 곳에서 전원을 켜고
바그래프 빗에 몇 개의
불빛이 더 보이는 지
확인해 봅시다.

4 과자 상자에 리틀비츠가
들어가고 라이트 센서 빗,
바그래프 빗, 브라이트 LED
빗이 보일 수 있도록 칼로
과자상자를 오립니다.

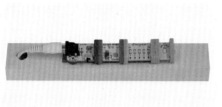

5 오려낸 곳에 리틀비츠가
  보이도록 스카치 테이프로
  고정시키고 배터리는
  안 보이도록 하고
  과자상자를 작게 만듭니다.

6 세워서 고정시켜 놓고,
  작동해 봅시다.

◉ 다른 방법으로 불빛을 만들기

라이트 센서가 아니라 필요할 때 만 불을 켜거나 끄고 싶을 때
어떻게 할까요?

part 11 | **11**차시

> 리틀비츠로 IoT 기본 도구 만들기 3

11 리틀비츠로 IoT 기본 도구 만들기 3

 대주제 리틀비츠를 활용한 도구

 핵심 단어 리틀비츠, 도구, 생활

 영 역 리틀비츠를 연결하여 간단한 도구 만들기 3
– 회전 그림 도구 만들기

 활동 목표

리틀비츠의 빗들을 연결하여 접시가 회전하면서
회전 속도에 따라 여러 가지 무늬를 만들어 낼 수 있다.

2 활동 자료

리틀비츠 Base Kit(전원 빗, DC모터 빗, 디머 빗, 와이어 빗,
배터리), 가는 빨대 2개, 종이 접시, 압정, 풀, 사인펜

3 활동 방법

도자기의 무늬를 그리는 과정에서 모터 빗의 회전과 디머 빗의
속도 조절에 따라 여러 가지 무늬를 만들어 볼 수 있다.

⊕ 생활에 이용되는 회전틀과 도자기 무늬 그리기

그림이 화려하게 그려진 도자기들이 많아요.

도자기의 그림을 어떤 방법으로 그릴 수 있는지 리틀비츠로 만들어서 그림을 그려보아요.

⊕ 리틀비츠 도구를 연결 해 보기

- 배터리와 전원 빗을 연결한다.
- 종이 접시를 회전하면서 그림을 그려 보기 위해서 DC 모터 빗을 사용한다.
- 속도 조절을 위해 디머 빗을 사용한다.
- DC 모터 빗의 움직이는 방향을 선택할 수 있도록 와이어 빗으로 중간에 연결한다.

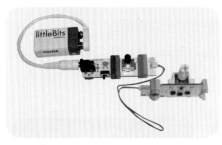

1 배터리, 케이블, 전원 빗,
디머 빗, 와이어 빗,
DC 모터 빗을 차례대로
연결합니다.

2 작고 흰 빨대 2개의 가운데
를 칼로 조금 잘라 서로 엇
갈리게 끼웁니다.

3 엇갈려 끼운 빨대를 DC
모터 빗의 플라스틱 축
끼우개에 연결합니다.

4 종이접시와 빨대가 맞닿는
부분의 종이접시 아래쪽에
풀칠을 하여 빨대에
붙입니다.

5 모두 연결 후 전원 빗의
스위치를 켜고 돌려봅니다.

6 돌아가는 종이접시에
사인펜을 갖다대어
그림을 그려봅니다.

◉ 다른 방법으로 그림 그려보기

- 서로 다른 속도로 그림을 그려 봅시다.
- 서로 다른 색깔로 그림을 그려 봅시다.

part 12 | **12차시**

> 리틀비츠로 IoT 기본 도구 만들기 4

12 리틀비츠로 IoT 기본 도구 만들기 4

대주제 리틀비츠를 활용한 도구

핵심단어 리틀비츠, 도구, 생활

영역 리틀비츠를 연결하여 간단한 도구 만들기 4
– 전동칫솔 도구 만들기

1 활동 목표

리틀비츠를 연결하여 버튼을 누를 때 마다 위 아래
번갈아 가며 칫솔질을 할 수 있는 도구를 만들어 낼 수 있다.

2 활동 자료

리틀비츠 Base Kit(배터리, 케이블, 전원 빗, 버튼 빗,
와이어 빗), 서보 모터 빗, 칫솔, 20cm 자, 큰 고무줄 2개,
작은 고무줄 4개,

3 활동 방법

버튼 빗을 누르고 있는 상태에서 서보 모터 빗이 위 아래로
움직임에 따라 위 아래 칫솔질을 한다.

◎ 생활에 이용되는 전동 칫솔

우리는 하루에 3번 칫솔질을 합니다.

칫솔질이 힘든 친구를 위해 자동으로 움직이는 전동칫솔을 만들어 봅시다.

◎ 리틀비츠 부품을 연결 해 보기

- 배터리와 전원 빗을 연결한다.
- 버튼 빗을 사용하여 버튼을 누를 때만 칫솔질을 하게 한다.
- 와이어 빗을 중간에 연결하고 마지막에 서보 모터 빗을 연결하여 위 아래로 같은 간격으로 움직이게 한다.
- 서보모터 빗에 칫솔을 고무줄로 연결하여 칫솔질이 가능하게 한다.

▶ 리틀비츠로 연결하기

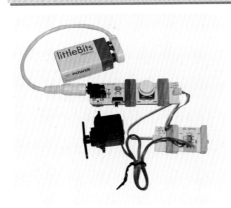

1 리틀비츠 부품들을 연결합니다.
(배터리, 케이블, 전원 빗,
버튼 빗, 와이어 빗,
서보 모터 빗)

2 칫솔에 고무줄 2개를 손잡이 부분에 여러 번 감아 놓습니다.

3 20cm 자에다 작은 고무줄을 두 번 감아 네 곳에 놓습니다.

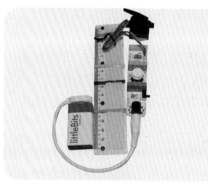

4 리틀비츠를 자 위에다 작동하는 배열로 놓아 봅니다.

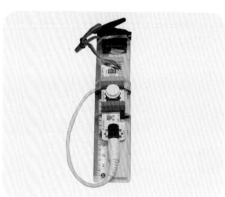

5 서보 모터빗, 버튼 빗, 전원 빗, 배터리(반대쪽)를 자 위의 고무줄로 고정시킵니다.

6 서보 모터 빗의 날개
  두 곳에 칫솔 손잡이의
  고무줄을 고정 시킵니다.

7 스위치를 눌러 작동 시켜 확인 합니다.

◉ 다른 방법으로 전동칫솔 만들어 보기

서로 다른 속도로 칫솔질을 하여 봅시다.

part 13 | **13차시**

> 리틀비츠로 IoT 기본 도구 만들기 5

13 리틀비츠로 IoT 기본 도구 만들기 5

대주제	리틀비츠를 활용한 도구
핵심 단어	리틀비츠, 도구, 생활
영역	리틀비츠를 연결하여 간단한 도구 만들기 5 – 선풍기 만들기

1 활동 목표

리틀비츠를 연결하여 누를 때 마다 바그래프 빗의 불빛으로
선풍기 돌아가는 속도를 조절할 수 있는 도구를 만들어
낼 수 있다.

2 활동 자료

리틀비츠 Base Kit(배터리, 케이블, 전원 빗, 버튼 빗,
바그래프 빗, DC 모터 빗), 이쑤시개, 프로펠러,
마운팅 보드, 종이집게 1

3 활동 방법

버튼 빗을 누르고 있는 상태에서 DC 모터 빗에 연결된
프로펠러가 돌아간다.

◉ 생활에 이용되는 선풍기

우리는 더운 여름 땀을 식히려고 선풍기를 사용해요.

선풍기가 어느 정도 돌아가는지 확인하려고 불빛을 사용해요.

◉ 리틀비츠 부품을 연결 해 보기

☞ – 배터리와 전원 빗을 연결한다.
   – 디머 빗을 사용하여 디머 빗을 돌릴 때 마다
     선풍기 프로펠러 속도를 조절할 수 있다.

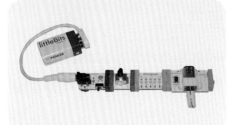

1 리틀비츠 부품들을 연결
합니다. (배터리, 케이블,
전원 빗, 디머 빗,
바그래프 빗, DC 모터 빗)

2 더블클립을 디머 빗에
고정합니다.

3 이쑤시개로 프로펠러와
DC 모터 빗을 서로
연결합니다.

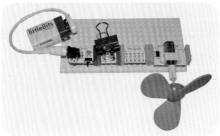

4 리틀비츠 마운팅 보드에
리틀비츠 부품을
고정시킵니다.

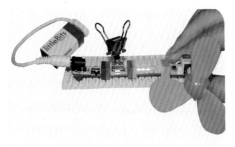

5 모두 연결하여 테스트
해봅니다.

⊙ 다른 방법으로 연결해 보기

– 어두워지면 자동으로 돌아가는 선풍기 만들어 보기

part 14 | **14차시**

> 리틀비츠로 IoT 기본 도구 만들기 6

대주제	리틀비츠를 활용한 도구
핵심 단어	리틀비츠, 도구, 생활
영 역	리틀비츠를 연결하여 간단한 도구 만들기 6 - 소리로 반응하는 비상전등 1

1 활동 목표

리틀비츠를 연결하여 누를 때 마다 LED 불빛이 소리에
반응하여 켜질 수 있도록 만들 수 있다.

2 활동 자료

리틀비츠 Base Kit(배터리, 케이블, 전원 빗, 브라이트 LED 빗),
마운팅 보드(Mounting Board), 사운드 트리거 빗

3 활동 방법

소리에 반응하여 불이 켜질 수 있는 구조를 만들 수 있다.

◉ 생활에 이용되는 음성인식 전등

소리로 명령할 수 있는 전등을 만들 수 있어요.

몸이 불편할 경우 말로 불을 켤 수 있다면 좋겠어요.

◉ 리틀비츠 부품을 연결 해 보기

  – 배터리와 전원 빗을 연결한다.
– 소리에 반응 하는 사운드 트리거 빗을 연결한다.
– 소리에 의해 불이 켜지도록 브라이트 LED 빗을
  연결한다.

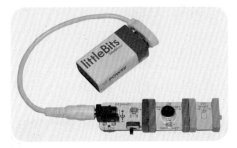

1 배터리, 케이블, 전원 빗,
사운드 트리거 빗, 브라이트
LED 빗을 연결합니다.

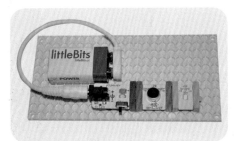

2 마운팅 보드에 고정시킵니다.

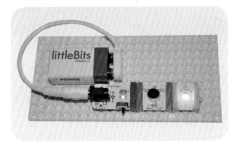

3 사운드에 반응하여 불이
켜지는 지 확인합니다.

◉ 다른 방법으로 연결해 보기

- 불빛과 함께 소리가 나도록 해보자.

part 15 | **15차시**

> 리틀비츠로 IoT 기본 도구 만들기 7

15 리틀비츠로 IoT 기본 도구 만들기 7

 대주제 **리틀비츠를 활용한 도구**

 핵심 단어 **리틀비츠, 도구, 생활**

 영역 **리틀비츠를 연결하여 간단한 도구 만들기 7**
– 소리로 반응하여 불켜고 비상벨 울리기

 활동 목표

리틀비츠를 연결하여 누를 때 마다 LED 불빛이 소리에 반응하여 켜지고, 동시에 비상벨까지 울리고 소리크기를 조절할 수 있는 도구를 만들 수 있다.

2 활동 자료

리틀비츠 Base Kit(배터리, 케이블, 전원 빗, 디머 빗, 브라이트 LED 빗, 버저 빗), 마운팅 보드, 사운드 트리거 빗

3 활동 방법

소리에 반응하여 불을 켜고 비상음이 나면 조절하여 끌 수 있는 구조를 만들 수 있다.

◉ 생활에 이용되는 음성인식 조절

가끔 위험한 상태에 있을 경우가 있어요. 비상벨이 울리면 위기를 피할 수 있어요.

위험한 상황이 끝나면 소리를 끌 수 있도록 만들 수 있어요.

◉ 리틀비츠 부품을 연결 해 보기

- 배터리와 전원 빗을 연결한다.
- 소리에 반응 하는 사운드 트리거 빗을 연결한다.
- 소리에 의해 불이 켜지고 비상음이 들리도록 한다.
- 위험한 상태가 끝나면 조절기로 음을 끌 수 있다.

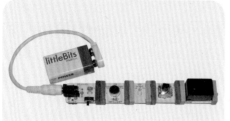

1 배터리, 케이블, 전원 빗,
   사운드 트리거 빗,
   브라이트 LED 빗, 디머 빗,
   버저 빗을 연결합니다.

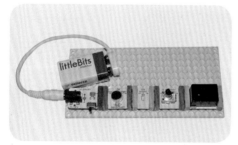

2 마운팅 보드에 고정시킵니다.

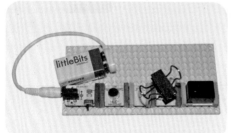

3 디머 빗에 더블클립을
   연결합니다.

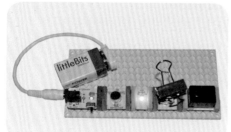

4 소리에 반응하여 불이
   켜지고 버저 빗에서
   소리가 들리는 지
   확인합니다.

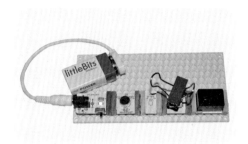

5 디머빗을 조정하여
소리를 끄면 앞에 있는
사운드 트리거 빗이
작동하지 않아 연결된
브라이트 LED 빗의
전원이 꺼집니다.

◉ 다른 방법으로 연결해 보기

– 버튼 빗으로 소리를 끌 수 있는 방법을 생각해 보자.

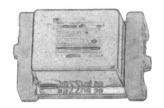

part 16 | **16차시**

> 리틀비츠로 IoT 기본 도구 만들기 8

16 리틀비츠로 IoT 기본 도구 만들기 8

 대주제 리틀비츠를 활용한 도구

 **핵심
단어** 리틀비츠, 도구, 생활

 영 역 리틀비츠를 연결하여 간단한 도구 만들기 8
– 아침 알람

1 활동 목표
리틀비츠를 연결하여 아침에 불빛으로 알람이 울리도록
도구를 연결하고 버저 빗을 활용하여 조절 할 수 있다.

2 활동 자료
리틀비츠 (전원 빗, 버저 빗, 라이트 센서 빗, 버튼 빗),
마운팅 보드, 드라이버 빗

3 활동 방법
빛에 반응하여 소리가 나고 버튼을 누르면 끌 수 있도록
버저 빗을 조절 할 수 있다.

🔵 생활에 이용되는 아침 알람

아침에는 일어나기가 힘들죠?

아침에 햇빛으로 소리가 나고, 그 소리를 줄이는 방법을 찾아

봐요.

🔵 리틀비츠 부품을 연결 해 보기

👉 – 배터리와 전원 빗을 연결한다.
    – 빛에 반응하는 라이트 센서 빗을 연결한다.
    – 빛에 의해 알람이 들리도록 한다.
    – 일어났으면 버튼 빗을 눌러 끌 수 있도록 한다.

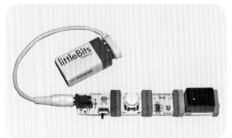

1 배터리, 케이블, 전원 빗, 버튼 빗, 라이트 센서 빗, 버저 빗을 연결합니다.

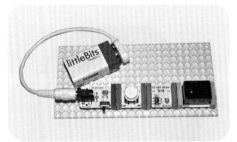

2 마운팅 보드에 고정시킵니다.

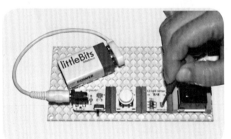

3 센서감지 정도를 조절 할 수 있도록 드라이버를 이용합니다.

4 드라이버를 이용하여 오른쪽 방향으로 돌립니다.

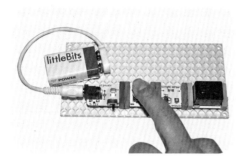

5 다시 소리가 들리게 하고,
소리를 끄기 위해
버튼 빗을 이용하여
끕니다.

◉ 다른 방법으로 연결해 보기

- 소리를 더 크게 하는 방법을 생각해 보자.

part 17 | # 17차시

> 리틀비츠로 IoT 입력 1개,
> 출력 2개 이해하기

17 리틀비츠로 IoT 입력 1개, 출력 2개 이해하기

 대주제 리틀비츠를 활용한 입출력

 핵심 단어 리틀비츠

 영 역 리틀비츠를 연결하여 입출력 이해하기 1

---

1 활동 목표

리틀비츠를 연결하여 하나의 입력에 따라, 보고 들을 수 있는 2개의 출력으로 표현하는 방법과 도구를 여러 가지로 연결할 수 있다.

2 활동 자료

리틀비츠 (배터리, 케이블, 전원 빗, 버튼 빗, 브라이트 LED 빗, 버저 빗, 바그래프 빗), 마운팅 보드

3 활동 방법

버튼 빗을 누르면 LED 불빛과 소리가 동시에 나도록 다양한 방법으로 연결하여 본다.

◉ 생활에 이용되는 TV리모컨의 입력과 출력

리모컨으로 TV를 켰을 때 TV의 내용을 눈과 귀로 모두 동시에 이해할 수 있어요.

리모콘의 버튼을 눌렀을 때, TV를 보고, 듣는 방법을 이해하고, 리틀비츠를 연결해 보아요.

◉ 리틀비츠 부품을 연결 해 보기

- 배터리와 전원 빗을 연결한다.
- 버튼 빗을 입력으로 먼저 연결한다.
- 출력 2가지로 표현할 수 있는 빗들을 여러 가지 연결해 본다.

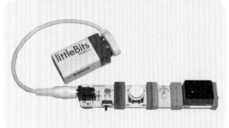

1 배터리, 케이블, 전원 빗,
버튼 빗, 브라이트 LED 빗,
버저 빗을 연결합니다.

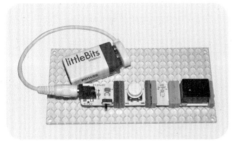

2 마운팅 보드에 고정시킵니다.

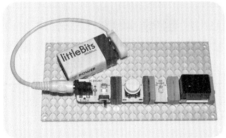

3 버튼 빗에 따라 브라이트
LED 빗과 버저 빗이 동시에
표현되는지 확인합니다.

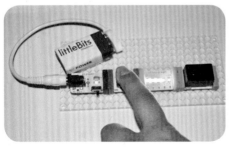

4 브라이트 LED 빗 대신에 바
그래프 빗을 연결합니다.

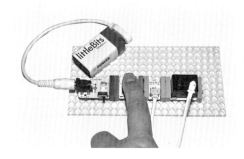

5 롱 LED 빗을 연결하여
  확인합니다.

◉ 다른 방법으로 연결해 보기

브라이트 LED 빗으로 연결했을 때와 바그래프 빗으로 연결했
을 때 차이점과 쓰이는 곳을 생각해 보자.

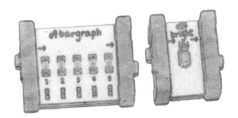

part 18 | **18차시**

> 리틀비츠로 IoT 입력 2개,
출력 2개 이해하기

18 리틀비츠로 IoT 입력 2개, 출력 2개 이해하기

 대주제 리틀비츠를 활용한 입출력

 핵심 단어 리틀비츠

 영 역 리틀비츠를 연결하여 입출력 이해하기 2

---

1 활동 목표

리틀비츠를 연결하여 두 개의 입력의 순서에 따라,
보고 들을 수 있는 2개의 출력으로 표현하는 방법과 도구를
여러 가지로 연결할 수 있다.

2 활동 자료

리틀비츠 (배터리, 케이블, 전원 빗, 버튼 빗, 디머 빗,
브라이트 LED 빗, 버저 빗, 바그래프 빗), 마운팅 보드

3 활동 방법

버튼 빗과 디머 빗을 서로 순서를 바꿔가며 누르면 LED 불빛과
소리가 동시에 나는 방법에 대하여 다양한 방법으로 연결하여 본다.

◉ 생활에 이용되는 아침 알람

우리 집에는 여러 가지의 가전 제품이 있어요.

그 가전제품을 쓰려면 스위치를 누르고 기능에 맞게 조절기를
돌려야 해요.

 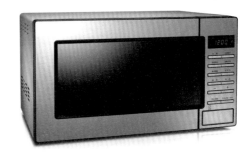

◉ 리틀비츠 부품을 연결 해 보기

  - 배터리와 전원 빗을 연결한다.
  - 버튼 빗을 먼저 연결하고 디머 빗을 연결한다.
  - 입력 2가지와 출력 2가지로 표현할 수 있는
    빗들을 여러 가지 연결해 본다.

1 배터리, 케이블, 전원 빗, 버튼 빗, 디머 빗, 브라이트 LED 빗, 버저 빗, 바그래프 빗을 연결합니다.

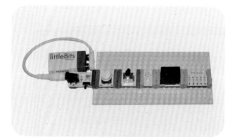

2 마운팅 보드에 고정시킵니다.

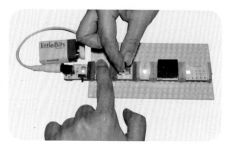

3 버튼 빗을 누른 상태에서 디머 빗에 따라 브라이트 LED 빗과 버저 빗이 동시에 작동되고 조절되는지 확인합니다.

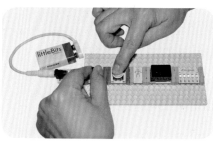

4 버튼 빗과 디머 빗을 서로 바꾸어 연결한 다음 브라이트 LED 빗과 버저 빗, 바그래프 빗의 작동을 확인해 봅니다.

버튼 빗과 디머 빗이 놓인 순서에 따라서 활용할 수 있는 것이 어떻게 달라지는지 알아보자.

part 19 | **19차시**

> 리틀비츠로 IoT 여러 개 입력과
> 여러 개 출력 이해하기

19 리틀비츠로 IoT 여러 개 입력과 여러 개 출력 이해하기

대주제	리틀비츠를 활용한 입출력
핵심 단어	리틀비츠
영 역	리틀비츠를 연결하여 입출력 이해하기 3

1 활동 목표

리틀비츠를 연결하여 여러 개의 입력 순서에 따라, 여러 개의 출력 빗으로 표현 될 수 있는 방법을 여러 가지로 연결할 수 있다.

2 활동 자료

리틀비츠 base kit (배터리, 케이블, 전원 빗, 버튼 빗, 디머 빗, 브라이트 LED 빗, 버저 빗, 바그래프 빗, DC 모터 빗)
리틀비츠 Cloude bit (버튼 빗, 롱 LED 빗, 사운드 트리거 빗, 서보 모터 빗, 마운팅 보드)

3 활동 방법

여러 입력 빗과 출력 빗을 서로 순서를 바꿔가며 여러 가지 입력 방법과 여러 가지 출력 방법으로 다양하게 연결되는 리틀비츠를 만들 수 있다.

◎ 생활에 활용 할 수 있는 여러제품 만들기

가전제품은 복잡한 전자부품들이 들어오는 신호와 나가는 신호들로 만들어져 있어요.

부품들이 연결되는 방법에 따라 여러 가지 기능을 나타내고 표현 할 수 있어요.

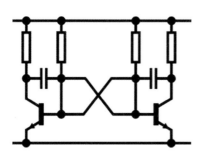 

◎ 리틀비츠 부품을 연결 해 보기

 – 배터리와 전원 빗을 연결한다.

– 원하는 방법으로 입력 빗과 출력 빗들을 연결한다.

– 출력이 제대로 되지 않은 경우 순서와 빗들을 바꿔가면서 연결해 본다.

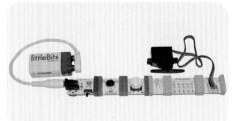

1 배터리, 케이블, 전원 빗, 입력 빗
(사운드 트리거 빗, 버튼 빗)과,
출력 빗(브라이트 LED 빗,
바그래프 빗, 서보 모터 빗)의
연결 방법 1 (서보 모터 빗)

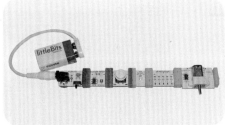

2 배터리, 케이블, 전원 빗, 입력 빗
(라이트 센서 빗, 버튼 빗)과,
출력 빗(브라이트 LED 빗,
바그래프 빗, DC 모터 빗)의
연결 방법 2 (DC 모터 빗)

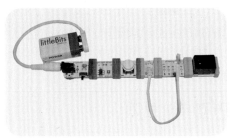

3 배터리, 케이블, 전원 빗, 입력 빗
(라이트 센서 빗, 버튼 빗)과,
출력 빗(롱 LED 빗, 바그래프 빗,
버저 빗)의 연결 방법 3 (다른
출력 빗 연결해 보기)

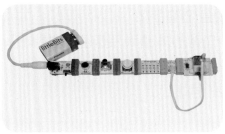

4 배터리, 케이블, 전원 빗, 입력 빗
(사운드 트리거 빗, 디머 빗, 버튼
빗)과, 출력 빗(바그래프 빗,
롱 LED 빗, DC모터 빗)의
연결 방법 4 (순서를 바꿔서
연결합니다)

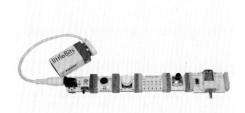

5 배터리, 케이블, 전원 빗, 입력 빗
(사운드 트리거 빗, 버튼 빗
디머 빗)과, 출력 빗(바그래프 빗,
DC 모터 빗)의 연결 방법 5
(입력과 출력을 겹쳐서 연결
합니다)

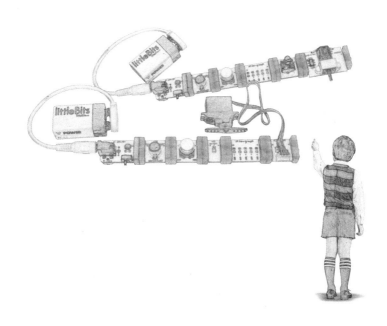

생각해 보기

만들기 원하는 물건을 연결하기 위해서 필요한
연결방법을 쉽게 찾을 수 있는 방법은 무엇일까?

part 20 | **20차시**

> 사물인터넷과 네트워크

20 사물인터넷과 네트워크

 대주제 사물인터넷과 네트워크

 핵심 단어 사물인터넷, 네트워크

 영 역 사물인터넷과 네트워크의 종류

1 활동 목표

사물끼리 정보를 주고받기 위해 네트워크를 활용함을 알 수 있고, 네트워크의 종류와 쓰임을 이해할 수 있다.

2 활동 자료

사물인터넷, 네트워크 종류, 네트워크 활용 분야

3 활동 방법

사물인터넷, 네트워크 종류, 네트워크 활용 분야에 대한 자료를 제시하고 서로 이야기 해 보고 활용 할 수 있는 분야를 찾는 마인드 맵 활동하기

◉ 생활 속의 대화

가족끼리는 말과 글로 서로의 생각을 표현해요. 여러 물건들이 서로의 정보를 전달하고 이야기 하는 방법은 네트워크를 통해 활용할 수 있어요.

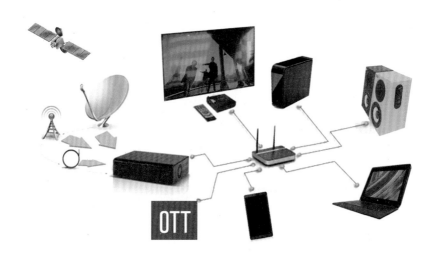

◉ 네트워크의 종류와 활용 분야

*네트워크 란?

사람들이 전화기로 말을 주고받듯이 전자제품들이 서로의 정보를 주고받을 수 있게 연결해 놓은 것을 **네트워크**라고 해요.

◉ 네트워크의 특징

우리는 전화기에 귀와 입을 통하여 말을 듣고 말하는 방법으로 이야기하고 있어요. 네트워크에서도 서로 전달하고 전달 받는 것 끼리 약속된 방법으로 정보를 전달하고 있답니다.

◉ 네트워크 종류 및 활용 분야

우리 생활 주변에서 현재 쓰이고 있는 네트워크의 종류와 활용 분야 대하여 알아보아요.

＊LAN(랜) – 집이나 학교에서 유선으로 연결된 네트워크

활용 ｜ 학교와 집에서 PC를 통해서 인터넷을 할 수 있다.

＊Wi-Fi(와이파이) – 네트워크 연결선이 없이 무선으로 연결하는 네트워크

> 활용 학교와 집에서 벗어나 네트워크 연결 선 없이 여러 장치들이 쉽게 인터넷을 할 수 있다.

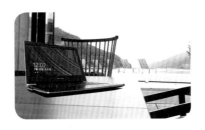

＊NFC – 가까운 거리에서 서로 필요한 정보를 주고받을 수 있는 네트워크

> 활용 버스나 지하철에서 요금을 낼 때 활용

＊Bluetooth － NFC와 같이 가까운 거리에서 만들어지는 네
트워크

활용   스마트폰에서 음악을 무선으로 들을 경우

◎ 사물인터넷과 네트워크

1. 사물끼리 정보를 전달하기
위해 인터넷이라는 네트워
크를 활용합니다. 그래서
사물인터넷도 일종의 네트
워크의 한 종류입니다.

2. 물체들이 사물인터넷을 활용하기 위해서는 물체안에 인터
넷을 하기 위한 장치와 네트워크에 연결하기 위한 방법이
필요합니다.

3. 모든 물체가 네트워크 장치와 네트워크로 연결 되면 사물인
터넷이 가능하답니다.

part 21 | **21차시**

> 사물인터넷 활용

21 사물인터넷 활용

대주제 사물인터넷의 활용

핵심 단어 사물인터넷

영역 사물인터넷의 활용 분야

1 활동 목표

사물인터넷이 활용되는 분야를 여러 가지 자료를 통해 이해할 수 있고, 각자 사물인터넷을 활용하여 만들고 싶은 물건을 그려 볼 수 있다.

2 활동 자료

사물인터넷 활용분야 자료, 그림 학습지

3 활동 방법

사물인터넷의 활용분야를 이해하고, 사물인터넷이 되는 물건을 각자 만들고 싶은 그림으로 표현한다.

◉ 생활에 이용되는 사물인터넷

＊사물인터넷 활용 분야 1 (생활)

웨어러블 스마트 디바이스[1], 난방시설, 조명시설, 스마트 그리드[2]

＊사물인터넷 활용 분야 2 (보안)

가정 및 기업 보안 감시, 스마트 화재 경보, 원격 감시,
재난 예측, 재해 조기 감지

---

1) 웨어러블 스마트 디바이스(Wearable Smart Device) : 사람들이 일상 생활에
필요한 입고, 신고, 사용하는 기기에 스마트 기능을 탑재한 기기
(출처 : 국립국어원)

2) 스마트 그리드(Smartgrid) : 전력망에 정보 통신 기술을 적용해 전기의 공급자
와 사용자가 실시간으로 정보를 교환하는 등의 방법을 통하여 전기를 공급함
으로써 에너지 이용 효율을 극대화 하는 전력망 (출처 : 국립국어원)

*사물인터넷 활용 분야 3 (생산)

인터넷 농장, 농산물 모니터링, 제조장비 관리

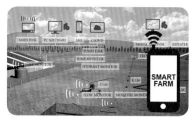 

*사물인터넷 활용 분야 4 (과학)

로봇 제어, 태양광

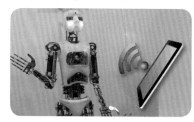 

*사물인터넷 활용 분야 5 (기타)

디지털 타깃 광고영화, 교통

 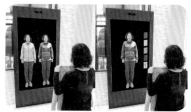

● 내가 만들고 싶은 사물인터넷

내가 만들고 싶은 사물인터넷		이름
비슷한 물건	불편한 것	바꾸고 싶은 것

part 22 | **22차시**

> 클라우드 빗과 스마트 폰 활용

22 클라우드 빗과 스마트 폰 활용

 대주제 클라우드 빗과 스마트 폰

 핵심 단어 클라우드 빗, 스마트 폰

영역 클라우드 빗과 스마트 폰 활용

1 활동 목표

클라우드 빗의 동작을 스마트 폰 App을 통하여 연결하고 스마트 폰 App으로 리틀비츠의 동작을 제어할 수 있음을 이해할 수 있다.

2 활동 자료

클라우드 빗, USB 전원 빗, 배터리, 버튼 빗, 스마트 폰 App (클라우드 빗)

3 활동 방법

스마트 폰에 클라우드 빗 App을 설치하고 간단한 조작을 통하여 LED 빗의 빛을 조작한다.

⊚ 편리해지는 우리 생활

늦은 밤, 밖에서 우리 집의 불을 켜고 싶을 때가 있어요.

스마트 폰의 클라우드 빗[3] App을 리틀비츠와 연결해 켜 보아요.

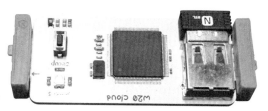

클라우드 빗

---

3) 클라우드 빗(Cloud Bit) : 만들어 놓은 리틀비츠 완성품을 인터넷과 연결해서
스마트 폰으로 원하는 동작을 할 수 있도록 하는 빗

▶ 클라우드 빗 연결 방법

1 클라우드 빗의 USB 케이블을 PC의 USB와 연결하여 전기를
받습니다.

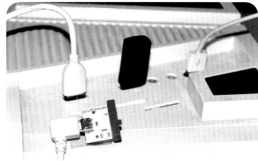

2 USB 케이블과 USB 전원 빗을 연결합니다.

3 USB 전원 빗과 버튼 빗을 연결하고 클라우드 빗을 연결합니다.

4 스마트 폰에서 리틀비츠 홈페이지
(littlebits.cc/cloudstart)로
이동합니다.

5 **SIGN IN**을 선택하고 가입합니다.
6 가입한 후 로그인 합니다.

7 로그인 후 첫 화면을 확인합니다.

8 클라우드 빗 연결을 위해 스마트폰
　화면 아래쪽 SETTINGS를 선택합니다.

9 클라우드 빗의 이름을 빈 칸에 만들고
　저장(SAVE)을 선택합니다.

10 새로운 클라우드 빗이 네트워크
　연결을 위해 RECONNECT TO WIFI
　에서 CHANGE WIFI를 선택합니다.

11 화면에 BOOTING UP 이라는 화면
　이 나옵니다.

12 과정은 USB연결 → 입력 빗(버튼 빗) → 클라우드 빗으로
　진행합니다.

13 8과 같이 연결하면 15초 후 클라우드 빗에서 불빛이 깜빡이기
　시작하기 까지 기다렸다가 아래쪽 status light is blinking을
　선택합니다.

14 다음 단계는 클라우드 불빛의
   푸른색이 깜빡일 때 까지 화면에
   보이는 클라우드 빗에 있는 **SETUP**
   버튼을 계속 누릅니다.

15 클라우드 빗 **SETUP** 버튼을 계속 누
   르고 있으면 깜박이던 푸른색이 계속
   켜져 있는 걸로 바뀌면서 클라우드
   빗이 스마트 폰과 연결할 준비가 된
   상태로 바뀝니다.

16 스마트 폰을 클라우드 빗과 연결하기
   위해 설정에서 클라우드 빗
   네트워크와 연결 하도록 하는
   메시지가 보입니다.

17 스마트 폰 Wi-Fi 설정에서
   littlebit~~~를 선택하여
   서로 연결 합니다.

18 다시 리틀비츠 **SETUP**으로
돌아와서 클라우드 빗과
연결을 기다립니다.

19 잠시 후 내 무선 공유기의
비밀번호를 입력하고 스마트 폰이
무선 공유기를 활용하도록
합니다.

20 내가 갖고 있는 무선 공유기
비밀번호를 입력합니다.

21 최대 30초까지 기다립니다.

22 스마트 폰이 클라우드 빗과
   접속하기를 기다립니다.

23 연결됐다는 메시지와 함께
   연결 되고 난 다음 클라우드 빗
   테스트 과정을 진행합니다.

24 USB 전원 빗, 버튼 빗, 클라우드 빗,
브라이트 LED 빗의 연결을 확인
합니다.

25 첫 번째 테스트 과정으로 스마트
폰의 큰 보라색 버튼을 누르면
클라우드 빗이 네트워크를 통하여
브라이트 LED 빗에 불이 들어온
다는 메시지가 보입니다.

26 스마트 버튼을 누르면 클라우드 빗에 불빛이 비춰집니다.

27 두 번째 테스트는 클라우드 빗과
   연결된 버튼 빗을 누르면 스마트 폰
   화면에 눈금 바늘이 움직인다는
   메시지가 보입니다.

28 버튼을 누르고 스마트 폰의 왼쪽에 있던 바늘이 오른쪽으
   로 움직이는 것을 확인합니다.

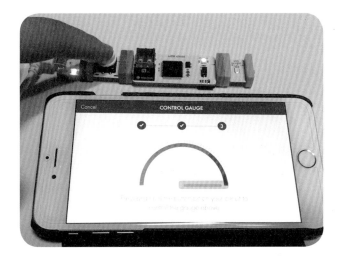

스마트 폰과 클라우드 빗은 어떻게
연결 되었을까?

part 23 | **23**차시

> 클라우드 빗 활용 기초

23 클라우드 빗 활용 기초

대주제	클라우드 빗 기초
핵심 단어	클라우드 빗, 기초
영역	클라우드 빗의 기초

1 활동 목표

클라우드 빗의 여러 가지 출력 빗이 네트워크를 통하여
스마트폰으로 작동되는지 확인할 수 있다.

2 활동 자료

USB 케이블, USB 전원 빗, 클라우드 빗, 롱 LED 빗,
바그래프 빗, 브라이트 LED 빗, DC 모터 빗

3 활동 방법

네트워크에 연결 된 클라우드 빗에서 스마트 폰으로
여러 가지의 출력 빗을 조절한다.

◐ 편리해지는 우리 생활

네트워크를 이용하여 스마트 폰으로 물건들을 조작할 수 있어요.
스마트 폰에서 클라우드 빗에 연결된 여러 가지 출력 빗을 작동
시킬 수 있어요.

▶ 클라우드 빗 연결 방법

1 클라우드 빗을 네트워크를 통하여 스마트 폰과 연결합니다.
  (22차시 참조)

2 스마트 폰에서 홈페이지에 접속하고 로그인합니다.
  (22차시 참조)

3 처음 화면에서 보라색 버튼을 누릅니다.

4 클라우드 빗에 연결된 출력 빗이 작동합니다.

5 클라우드 빗에 다른 출력 빗을 연결하여 1~4까지
  반복하여 실행합니다.

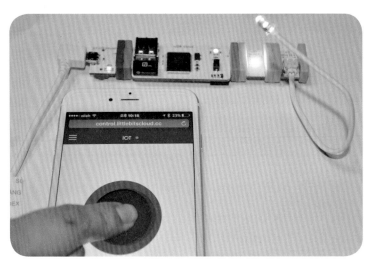

USB 케이블 + USB 전원 빗 + 클라우드 빗
+ 브라이트 LED 빗 + 롱 LED 빗

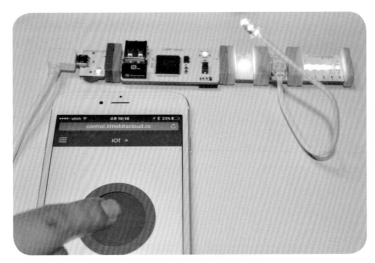

USB 케이블 + USB 전원 빗 + 클라우드 빗
+ 브라이트 LED 빗 + 롱 LED 빗 + 바그래프 빗

USB 케이블 + USB 전원 빗 + 클라우드 빗
+ 브라이트 LED 빗 + 롱 LED 빗 + 바그래프 빗 + 서보 모터 빗

생각해 보기

스마트 폰으로 어떤 물건들을 조작하고
싶은가요?

part 24 | **24차시**

> 클라우드 빗 활용 기초 2

24 클라우드 빗 활용 기초 2

 대주제 클라우드 빗 기초

 핵심 단어 클라우드 빗, 기초

 영 역 클라우드 빗의 기초

1 활동 목표

클라우드 빗과 여러 가지 출력 빗이 네트워크를 통하여
스마트폰에서 다른 방법으로 확인되는 방법을 알 수 있다.

2 활동 자료

USB 케이블, USB 전원 빗, 클라우드 빗, 버튼 빗, 디머 빗,
사운드 트리거 빗, 브라이트 LED 빗, 바그래프 빗

3 활동 방법

네트워크에 연결 된 클라우드 빗에서 출력 빗을
작동시키면 스마트 폰에서 다른 방법으로 확인할 수 있다.

◉ 편리해지는 우리 생활

밖에서 우리 집 보일러의 온도를 조절 할 수 있다면 집에 들어
갔을 때 따뜻한 방이 우리를 맞이하겠죠?

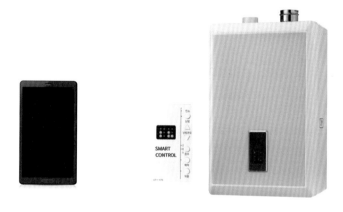

▶ 클라우드 빗 연결 방법

1 USB 케이블, USB 전원 빗, 클라우드 빗, 브라이트 LED 빗을
연결합니다.

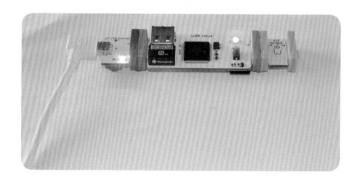

2 스마트 폰과 클라우드 빗을 서로 연결 합니다.

3 연결 된 후 보라색 버튼 화면에서 다음 화면으로 바뀌도록
  화면을 밉니다.

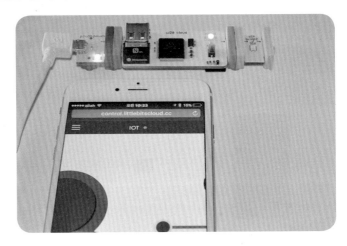

4 다음 화면에 슬라이드 바와 숫자가 나타난 화면이 보입니다.

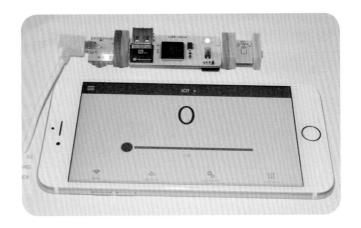

5 슬라이드를 오른쪽으로 이동 시키면 숫자가 바뀌는데 숫자가
  바뀌면서 LED 불빛의 밝기도 같이 바뀝니다.

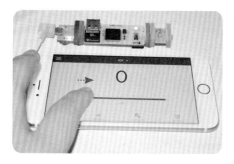

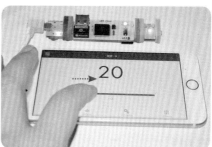

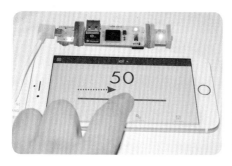

6 출력 빗을 바그래프 빗으로 연결하여 활용해 봅니다.

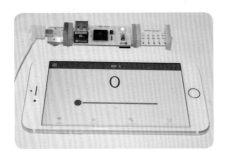

생각해 보기

스마트 폰으로 어떤 물건을 정확하게 조절하고
싶다면 어떻게 해야할까?

part 25 | **25차시**

> 클라우드 빗 활용 기초 3

25 클라우드 빗 활용 기초 3

 대주제 클라우드 빗 기초

 핵심 단어 클라우드 빗, 기초

 영역 클라우드 빗의 기초

1 활동 목표

클라우드 빗과 여러 가지 입력 빗을 네트워크를 통하여
스마트폰에서 확인하는 방법을 알 수 있다.

2 활동 자료

USB 케이블, USB 전원 빗, 클라우드 빗, 버튼 빗,
디머 빗, 사운드 트리거 빗

3 활동 방법

네트워크에 연결 된 클라우드 빗에서 입력 빗을
작동 시키면 스마트 폰에서 입력된 내용을 확인할 수 있다.

◉ 편리해지는 우리 생활

밖에서 네트워크를 활용하여 스마트 폰으로 사물에서 보내는 신호를 확인 할 수 있어요.

▶ 클라우드 빗 연결 방법

1 USB 케이블, USB 전원 빗, 버튼 빗, 클라우드 빗을 연결합니다.

2 스마트 폰과 클라우드 빗을 서로 연결 합니다. (22차시 참조)

3 스마트 폰에서 RECEIVE를 누르면 눈금표시와 바늘이 보입니다.

4 버튼 빗을 누르기 전에는 바늘이 왼쪽에 있어 누르지 않은
  상태를 확인할 수 있습니다.

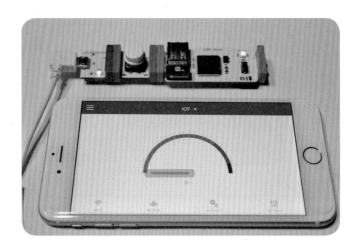

5 클라우드 빗에 연결된 버튼 빗을 누르면 바늘이 눈금의
  오른쪽으로 누른 만큼 움직입니다.

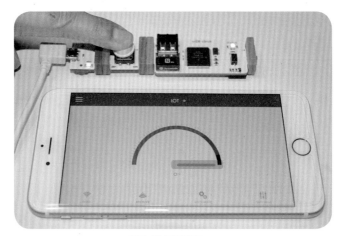

버튼 빗 동작확인

6 기타 다른 빗들을 연결해 가면서 확인해 봅니다.
(사운드 트리거 빗과 디머 빗)

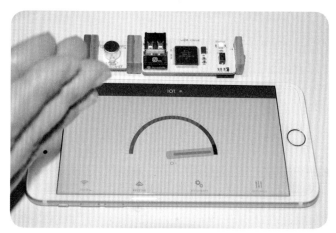

사운드 트리거 빗 동작확인

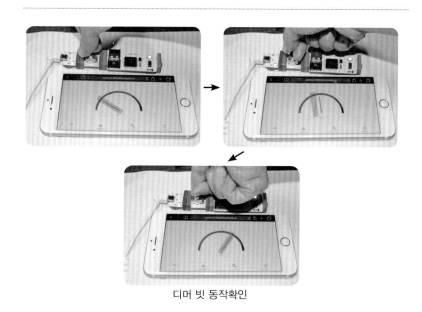

디머 빗 동작확인

생각해 보기

물건의 움직임에 따라 결과를 스마트 폰으로
전달할 수 있는 이유가 무엇인지 생각해 봅시다.

part 26 | **26**차시

> 클라우드 빗 활용 기초 4

26 클라우드 빗 활용 기초 4

 대주제 클라우드 빗 기초

 **핵심
단어** 클라우드 빗, 기초

 영 역 클라우드 빗의 기초

1 활동 목표

리틀비츠의 사운드 트리거 빗을 활용하는 방법을 알 수 있다.

2 활동 자료

USB 케이블, USB 전원 빗, 클라우드 빗, 버튼 빗,
디머 빗, 사운드 트리거 빗

3 활동 방법

네트워크에 연결된 클라우드 빗에서 출력 빗을 작동시키면
사운드 트리거 빗의 정확한 측정값을 숫자로 확인할 수 있다.

⊕ 편리해지는 우리 생활

밖에서 네트워크를 활용하여 스마트 폰으로 사물에서 보내는 신호를 확인 할 수 있답니다.

▶ 클라우드 빗 연결 방법

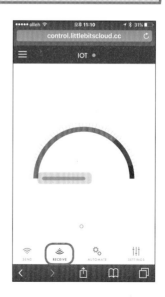

1 USB 케이블, USB 전원 빗, 디머 빗, 클라우드 빗을 연결합니다.

2 스마트 폰과 클라우드 빗을 서로 연결합니다.(22차시 참조)

3 스마트 폰에서 RECEIVE를 누르면 눈금표시와 바늘이 보입니다.

4 스마트 폰 RECEIVE화면에서
　왼쪽으로 이동시킵니다.

5 화면이 바뀌면 숫자로 이
　표시된 화면이 나옵니다.

6 스마트 폰과 클라우드 빗을 나란히 놓습니다.

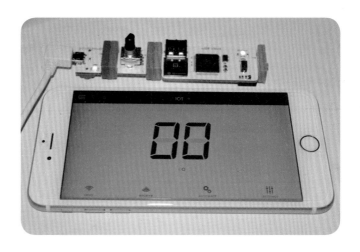

7 리틀비츠에서 디머 빗을 오른쪽으로 돌리면 돌린 만큼
스마트 폰의 숫자가 변합니다.

디머 빗을 왼쪽에서 오른쪽으로 돌렸을 때

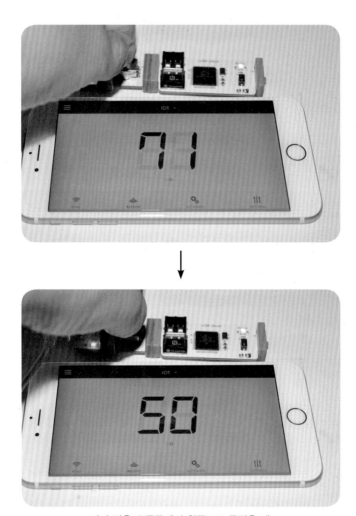

디머 빗을 오른쪽에서 왼쪽으로 돌렸을 때

8 버튼 빗도 연결하여 확인합니다.

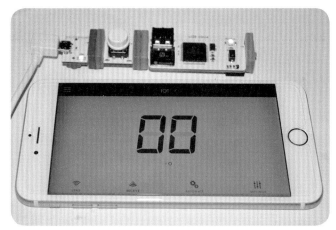

버튼 빗을 누르기 전

버튼 빗을 눌렀을 때

8 사운드 트리거 빗도 연결하여 확인합니다.

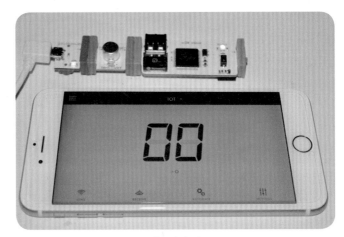

박수치기 전

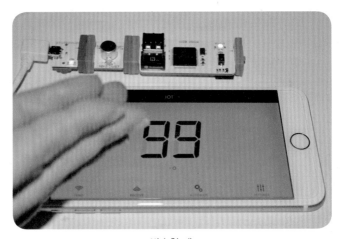

박수칠 때

생각해 보기

물건의 움직임을 스마트 폰으로 정확히
전달할 수 있는 방법을 생각해 보자.

리틀빗으로 시작하는 IoT(사물인터넷)

part 27 | **27차시**

> IFTTT(IF This Then That)

27 IFTTT (IF This Then That)

대주제　IFTTT

핵심 단어　IFTTT

영 역　IFTTT 이해

---

1 활동 목표

클라우드 빗에 활용할 IFTTT에 대하여 이해할 수 있다.

2 활동 자료

IFTTT 홈페이지, 관련 이해 자료

3 활동 방법

IFTTT에 대한 소개와 작동원리에 대한 이해를 통해 그림으로 나타내어 본다.

🌐 편리해지는 우리 생활

인터넷에는 여러 가지를 활용할 수 있는 서비스들이 있어요.

이메일, SNS 등의 서비스를 활용하여 알림 내용을 전달 받을 수 있어요.

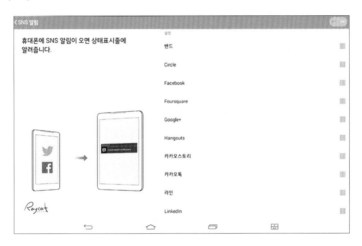

🌐 IFTTT 란 무엇인가.

1. IFTTT의 뜻 : IF This Then That의 영문을 줄여서 나타낸 말로 '만약 이렇게 된다면 이렇게 하라' 라는 의미를 갖고 있습니다.

2. IFTTT를 사용하는 이유는 무엇일까?

: 리틀비츠의 클라우드 빗을 이용하여 스마트 폰 앱에서 활용할 수 있는 서비스들을 활용할 수 있습니다. 즉 클라우드 빗에서 어떤 동작을 하게 되면 스마트폰으로 메시지를 보내든지 알림을 보낼 수 있도록 해주는 것입니다.

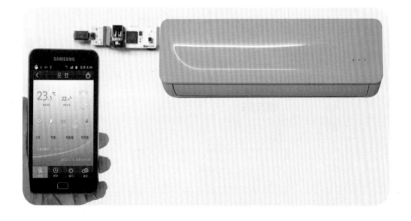

3. IFTTT를 활용하기 위해 필요한 것은?

리틀비츠와 클라우드 빗, 스마트 폰 그리고 IFTTT 홈페이지에서 설정이 필요합니다.

클라우드빗과 스마트 폰 연결 후 클라우드 빗에서 '어떤 일'을 정하고 그 결과가 스마트 폰으로 어떻게 전달 될지를 결정해서 IFTTT 홈페이지에서 설정합니다.

위의 내용은 비가 오면 클라우드 빗에 연결된 출력 빗(LED 빗)에 나타나게 하는 것입니다.

⊙ IFTTT에 나타내고 싶은 방법을 표현해 보자.

- IF에는 '이럴 경우'의 내용을 쓰고, Then에는 '이렇게 하라'를 쓰시오.

if	then

part 28 | **28차시**

> IFTTT 가입 및 확인

28 IFTTT 가입 및 확인

대주제	IFTTT

핵심 단어	IFTTT

영역	IFTTT 가입 및 테스트

1 활동 목표

IFTTT에 가입하고 IFTTT를 확인하는 방법을 진행해 본다.

2 활동 자료

IFTTT 홈페이지

3 활동 방법

IFTTT에 가입하고, 가입 후 진행되는 IFTTT 기능을
확인해 본다.

◎ 편리해지는 우리 생활

우리집 밖에서 우리집 안에서 일어나는 일을 전달 받을 수 있다
면 여러 가지 상황을 미리 대비할 수 있어요.

▶ 클라우드 빗과 IFTTT 연결하여 테스트 해보기

1 IFTTT 홈페이지에 가입하기(http://ifttt.com)

2 홈페이지 오른쪽 위 **Sign Up**을 선택하여 회원가입을
  진행합니다.
  – 이메일, 비밀번호를 쓰고 Create account 선택하여
    계정 만들기

3 로그인 후 화면이 보이고 간단한 문장으로 IFTTT를
  만들어 봅니다.

4 화면에서 파란색 'this'를 클릭합니다. 그림들이 바뀌면서
조건(this) 상황이 나타납니다.

5 내일의 일기예보에 비가 온다면 that을 클릭합니다.
클릭하면 나에게 메일로 보낸다는 그림이 나타나고,
위쪽 진행 바(녹색)의 첫 단계가 나옵니다.
아래쪽 Continue를 누릅니다.

6 **레시피**⁴⁾(If와 Then)와 **트리거 채널**⁵⁾(This)과 **액션 채널**⁶⁾(That)
  에 대한 설명이 나오고 레시피가 완성되도록 트리거 채널과
  액션 채널을 연결한다는 설명을 하고 있습니다. **Continue**
  를 누릅니다. (레시피 : 내가 있는 지역에 비가 온다면 이메
  일을 받습니다)

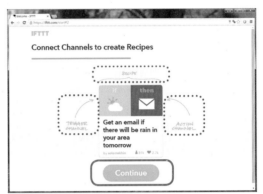

7 다음은 내가 인터넷에서 활용할 수 있는 서비스 중에서
  채널을 3가지 이상 선택합니다.
  - **Continue**를 선택합니다.

---

4) **레시피**(Recipes : If와 Then)
5) **트리거 채널**(Trigger Channel : This)
6) **액션 채널**(Action Channel : That)

8 내가 정한 레시피와 선택한 채널을 활용할 수 있는
추천, Do, IF 레시피들이 나타납니다.

9 여기서 세 번째 레시피를 선택합니다.

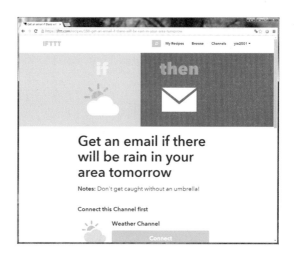

10 화면에서 내가 있는 지역에 비가 오면 메일이 온다는
내용이 보이고 아래쪽 날씨채널에 내가 있는 지역을
등록하기 위해 **Connect**를 누르면 팝업창이 뜹니다.

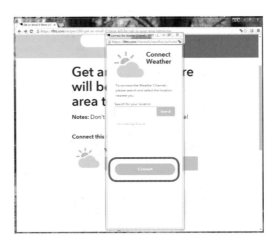

11 팝업 창에서 Search for
your location에서 Seoul을
쓰고 Search를 누릅니다.

검색 결과 Seoul, Seoul,
South Korea를 선택하고
Connect를 누릅니다.

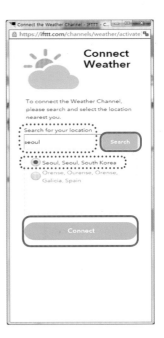

12 날씨와 연결됐다는
메시지가 나오면
Done을 선택합니다.

13 화면에 IFTTT가 연결된 결과가
나옵니다.
Condition에서 **비, 눈, 구름,
맑음**을 선택할 수 있습니다.

그리고 Action에서 메일로
오는 **메일제목을 수정**해서
아래쪽 **Add**를 선택합니다.

14 내 레시피(ID 32416999)가 추가되면 내 것과 비슷한
　　추천 레시피를 보여 줍니다. 아래쪽 **Done**을 선택합니다.

15 내 레시피에서 **Recipe Title**을 선택하고 한글로 설명
　　을 바꾸고, 이 레시피를 바로 확인하려면 오른쪽 Check
　　now를 클릭하면 내 메일로 날씨에 대한 정보가 온 것을
　　확인할 수 있습니다.

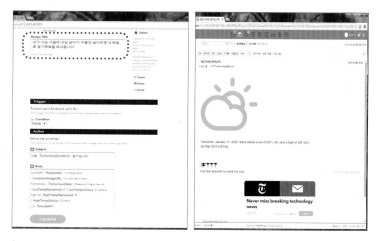

16 레시피에 대한 내용을 바꾸었으면 아래쪽에 **Update**를 선택하여 내 레시피를 수정하고 끝냅니다.

인터넷에서 활용할 수 있는 서비스 중 몇 개를
활용하고 있는가?

part 29 | **29차시**

> IFTTT와 클라우드 빗 활용

29 IFTTT와 클라우드 빗 활용

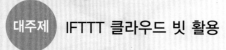

대주제	IFTTT 클라우드 빗 활용

핵심단어	IFTTT 클라우드 빗

영역	IFTTT와 클라우드 빗 연결

1 활동 목표

IFTTT와 클라우드 빗을 연결하여 클라우드 빗의 반응에
따라 IFTTT 레시피 지정에 따른 서비스를 받을 수 있다.

2 활동 자료

IFTTT 레시피, 클라우드 빗, 입력 빗

3 활동 방법

클라우드 빗에서 입력 빗을 활용하여 입력이 있을
경우 IFTTT 레시피에 따른 서비스를 확인한다.

⊙ 편리해지는 우리 생활

집에서 빨래를 세탁기에 돌리고 미처 끝내지 못하고 나갔을 때에 세탁기가 제대로 작동하고 있는지 걱정 되죠? 그럴때는 스마트 폰으로 알려 주면 좋을 것 같아요.

**IFTTT 레시피에 클라우드 빛을 추가 하여
서비스 확인해 보기 절차**

1 IFTTT에 로그인 하여 오른쪽 위 **My Recipes**를 선택해 봅니다.

2 이동하면 전 차시에 만든 레시피가 하나 있는 것을 확인할 수 있습니다. 그러면 오른쪽 파란색 바탕의 "Create a Recipe"를 선택합니다.

3 지난번처럼 IFTTT를 구성하는 기본 형태가 나옵니다.

4 파란색의 **"This"**를 선택하면 This는 옅어지고,
  여러 종류의 트리거 채널들이 나옵니다.

5 여기에서 오른쪽 스크롤바를 내려 **"little Bits"**를 찾습니다.

6 아니면 4번에서 검색 창에 **"little Bits"**를 입력 하여
  찾습니다.  아이콘을 선택합니다.

7 처음 리틀비츠와 연결하는 설정이 진행됩니다.
  화면에서 **Connect**를 선택합니다.

8 리틀비츠와 연결하기 위해
리틀비츠 홈페이지 계정과
비밀번호를 필요로 하는
팝업 창이 뜹니다.

9 SIGN IN을 선택하여 로그인 하면 리틀비츠와 IFTTT 채널과
내 계정을 통하여 연결하는 것에 대한 허가를 물어 봅니다.
이때 Authorize를 선택합니다.

10 리틀비츠와 연결 됐다는 메시지가 보이면 DONE을
선택합니다.

11 팝업 창이 닫히고 다시 화면으로 돌아오면 다음 단계
진행을 위해 "Continue to the next step"을 선택합니다.

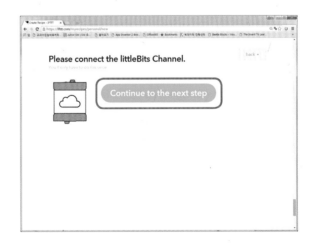

12 트리거 할 동작을 선택합니다. 즉 입력 빗을 켤 때
아니면 끌 때 중에서 하나를 선택합니다.
여기서는 **Turned On**(켤 때)을 선택합니다.

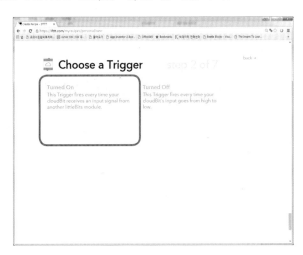

13 트리거 필드의 마지막 단계로 내가 갖고 있는 클라우드
빗의 이름을 선택하고 **"Create Trigger"**를 선택합니다.

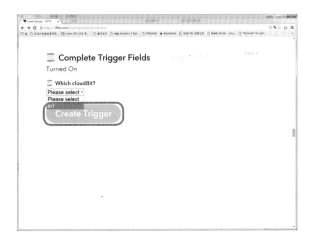

14 3번 화면에서 트리거가 리틀비츠로 바뀐 화면이
   보입니다. 이번에는 리틀비츠 동작에 따라
   액션채널인 **That**을 선택합니다.

15 여러 가지 액션 채널에서 **SMS**를 입력하여
   IF Notifications을 선택합니다.

16 IF Notifications를 액션으로 선택하면 내 장치(스마트폰 등)로 전달된다고 설명하며 Send a Notification을 선택합니다.

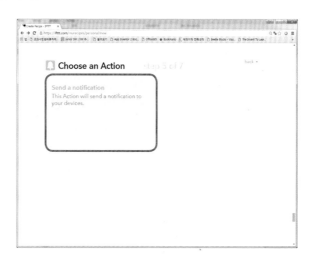

17 액션 채널 설정과정에서 알림을 보낼 장치설정을 합니다. Create Action을 선택합니다.

18 레시피가 만들어 지면 레시피 제목을 바꿔 봅니다.
Create Recipe를 선택하여 완성합니다.

19 스마트 폰으로 IFTTT
홈페이지에 로그인 합니다.
클라우드 빗과 연결 후
스마트 폰에서
AUTOMATE를 선택하면
IFTTT 화면이 보입니다.

20 화면 중간에
GO TO IFTTT.COM을
선택하여 IFTTT 홈페이지
화면에서 확인하거나
IFTTT 앱을 설치하여
확인합니다.
여기서는 IFTTT 앱을
설치합니다.

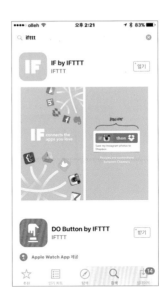

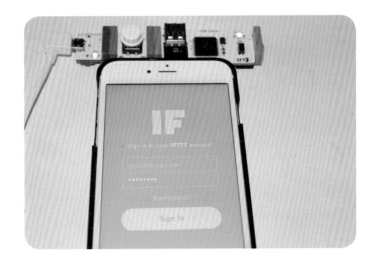

21 설치 후 IFTTT에 가입한 계정으로 로그인 합니다.
로그인 후 내가 만든 레시피들이 보입니다.

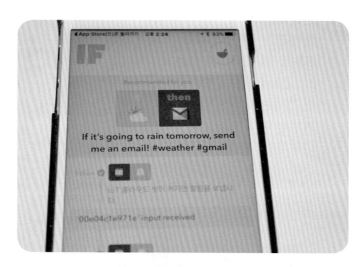

22 입력 버튼 빗을 눌렀다 떼면 메시지와 함께 IFTTT앱에
눌렀다는 메시지를 보내옵니다.(화면에서 스마트 폰 시
계와 IFTTT의 메시지 전달 받은 시각 확인)

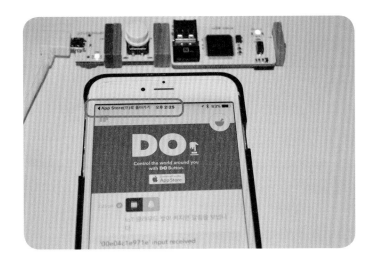

생각해 보기

다른 전자제품들이 보낼 수 있는 메시지들이
무엇이 있을까 생각해 봅시다.

part 30 | **30차시**

> IFTTT와 클라우드 빗 활용 2

30 IFTTT와 클라우드 빗 활용 2

 대주제 IFTTT 클라우드 빗 활용 2

 핵심 단어 IFTTT 클라우드 빗

 영 역 IFTTT와 클라우드 빗 연결

1 활동 목표

IFTTT와 클라우드 빗을 연결하여 IFTTT 트리거
반응에 따른 클라우드 빗의 동작을 확인할 수 있다.

2 활동 자료

IFTTT 레시피, 클라우드 빗, 출력 빗

3 활동 방법

IFTTT 레시피의 트리거 동작에 따라 클라우드 빗에
연결된 출력 빗의 결과를 확인할 수 있다.

◉ 편리해지는 우리 생활

아기들이 먹는 우유의 양, 적절한 온도 등에 관한 정보를 스마트 폰을 통해 확인할 수 있어요.

▶ **IFTTT 레시피에 따라 스마트 폰에서 명령을 주면 클라우드 빗에서 출력 빗 동작 확인하기**

1 클라우드 빗에 연결할 출력 빗으로 바그래프 빗을 연결합니다.

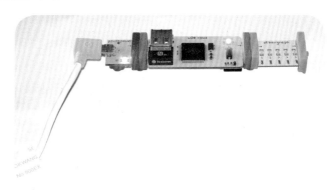

2 스마트 폰에서 IFTTT 앱을 실행합니다.

3 스마트 폰과 클라우드 빗을 작동시키기 위한 레시피를
정합니다. 기존에 정한 레시피는 정지시킵니다.

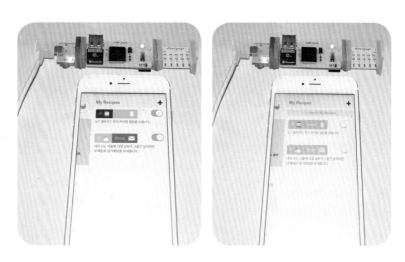

4 IFTTT의 레시피 중 트리거는 시간으로 정하기 위해서
  Date & Time을 선택합니다.

5 Date & Time 레시피들이 나오고 오른쪽 위 속성을
  선택합니다.

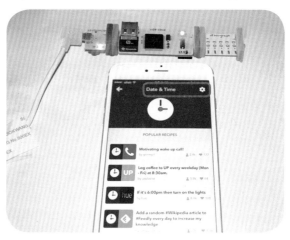

6 Date & Time에서 한국지역 시간을 맞추기 위해
  Edit Channel을 선택하고, 한국 표준시로 맞추기 위해
  (GMT+09:00)Seoul을 선택합니다.

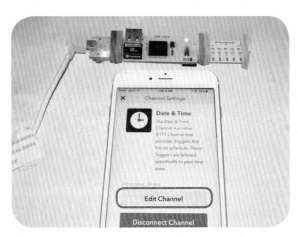

7 **Connect**를 눌러 기본설정을 마칩니다.

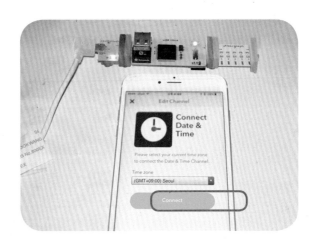

8 설정 후 레시피가 보이면 트리거와 액션을 정하는
  과정이 보입니다.

9 파란색 '➕'를 선택해 시간 트리거를 선택합니다.

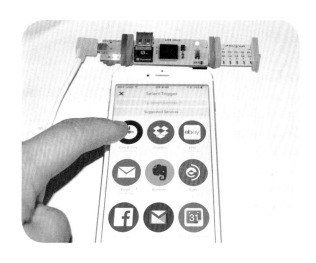

10 Date & Time의 트리거를 설정하기 위해
Every hour at을 선택해서 매 시각 정한 분에 정해진
동작을 하도록 합니다.

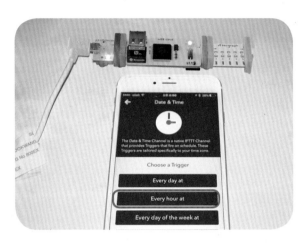

11 매 시각 마다 동작할 분을 정합니다. 여기서는
00분(정시)으로 정하고 오른쪽 상단의 **NEXT**를 누릅니다.

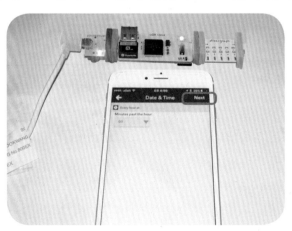

12 다시 레시피가 보이면 빨간색 ➕를 눌러 액션 동작으로
   리틀비츠가 작동 하도록 정합니다.

13 검색창에 little Bits를 검색하여 선택합니다.

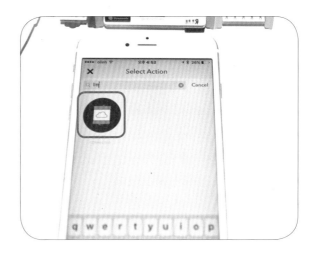

14 리틀비츠의 액션동작 출력을 통해 확인하기 위해
Activate Output을 선택합니다.

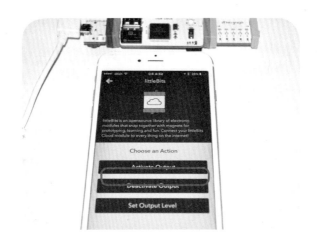

15 내가 갖고 있는 클라우드 빗의 이름을 설정합니다.

16 IFTTT 레시피가 정해지면 **Finish**를 눌러 마칩니다.

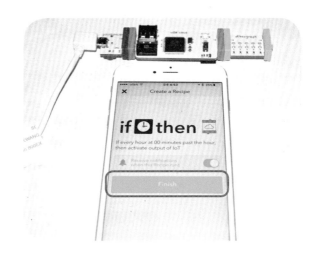

17 스마트 폰과 클라우드 빗을 연결합니다.

18 다시 IFTTT 앱으로 돌아와 매 시각 정각(00분)에
클라우드 빗을 통해 바그래프 빗이 작동하는지
확인합니다.(스마트폰 시각 확인 6:01분에
바그래프 빗이 자동 켜짐)

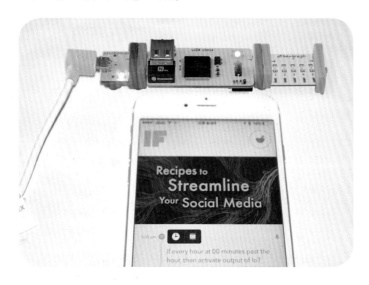

리틀빗으로 시작하는 IoT(사물인터넷)

part 31 | **31**차시

> IFTTT와 클라우드 빗 활용 3

31 IFTTT와 클라우드 빗 활용 3

대주제 IFTTT 클라우드 빗 활용 3

핵심 단어 IFTTT 클라우드 빗 메시지

영역 IFTTT와 클라우드 빗 메시지 전달

1 활동 목표

IFTTT에서 정한 레시피에 따라 리틀비츠의 입력 빗 트리거 반응에 따라 스마트 폰으로 메시지를 전달 받을 수 있다.

2 활동 자료

IFTTT 레시피, 클라우드 빗, 입력 빗

3 활동 방법

IFTTT 레시피에서 리틀비츠의 입력 빗을 선택하면 스마트 폰으로 메시지를 전달받을 수 있도록 설정해 본다.

◎ 편리해지는 우리 생활

우리 집의 벨을 누를 경우 스마트폰으로 메시지를 전달 받을 수 있어요.

> IFTTT 레시피에 따라 리틀비츠에서 입력 빗을
> 누르면 스마트 폰으로 메시지 전달 받기

1 리틀비츠의 전원 빗, 입력 빗(버튼 빗), 클라우드 빗을 연결합니다.

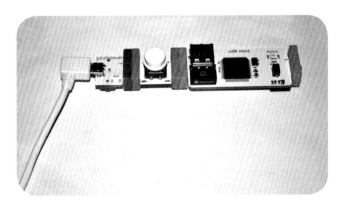

2 스마트 폰으로 IFTTT 앱을
실행합니다.

3 새로운 레시피를 만들기 위해 트리거(This)는
리틀비츠로 정합니다.

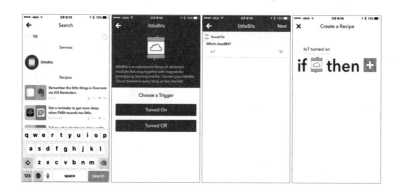

4 액션(That)으로 활용할
메시지는 검색에서
sms를 쓰고 선택합니다.

5 sms에서
"Send me an SMS"를
선택하여 진행합니다.

6 sms의 **Continue**를 눌러
내 스마트 폰과 IFTTT
설정과정을 진행합니다.

7 sms의 Connect SMS에서 Your phone number의
항목에 내 전화번호를 넣는데 첫 두 자리는 숫자 **"00"**
그리고 국가번호(한국) **"82"** 그리고 개인 스마트폰
번호를 입력합니다.

예를 들어 전화번호가 010-1234-5678이라면
008201012345678을 입력하고 **Send PIN**을 선택합니다.

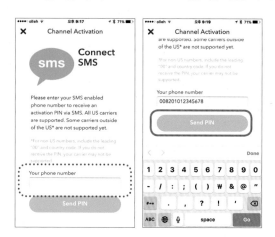

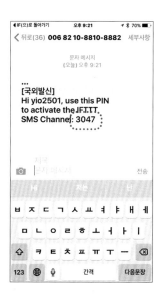

8 IFTTT에서 보내는 PIN번호가
  내 전화번호의 메시지로 보
  내져 4자리 숫자 PIN번호를
  알 수 있습니다.

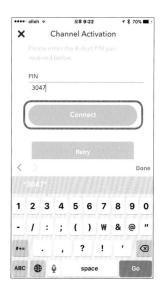

9 다시 IFTTT로 돌아와서 PIN
  이라는 곳에 내 전화번호
  메시지로 받은 4자리
  PIN번호를 넣고
  Connect를 선택합니다.

10 sms연결 완료 메시지가
보이고 **Done**을 눌러
액션을 설정하면 sms에서
받을 문자내용을 정하는
과정이 나옵니다.

11 오른쪽 위 Next를 눌러
진행하면 IFTTT 레시피가
정해지고 **Finish**를 눌러
마무리 합니다.

12 스마트 폰에서 클라우드 빗과 연결합니다.

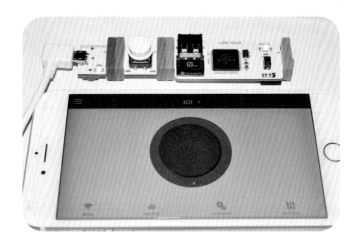

13 연결 후 버튼 빗을 누르면 스마트 폰의 메시지로 전달 받는지 확인합니다.

집에 있는 전자제품들과 리틀비츠를 연결하는
방법을 생각해 봅시다.

part 32 | **32차시**

> IFTTT와 클라우드 빗 활용 4

32 IFTTT와 클라우드 빗 활용 4

대주제	IFTTT 클라우드 빗 활용 4
핵심단어	IFTTT 클라우드 빗 도어벨
영역	IFTTT와 클라우드 빗 도어벨 메시지

1 활동 목표

IFTTT에서 정한 레시피에 따라 집의 초인종 소리에 반응하여 리틀비츠의 입력 빗(사운드 트리거 빗)이 트리거가 되어 스마트 폰으로 메시지를 전달 받을 수 있다.

2 활동 자료

IFTTT 레시피, 클라우드 빗, 입력 빗(사운드 트리거 빗), 브라이트 LED 빗

3 활동 방법

집의 초인종을 누르면 초인종 소리에 리틀비츠의 사운드 트리거 빗이 반응하여 브라이트 LED 빗이 밝아지고 IFTTT 레시피에 따라 스마트 폰으로 메시지를 전달받을 수 있도록 설정해 본다.

⊙ 편리해지는 우리 생활

우리 집의 벨을 누를 경우 스마트폰으로 메시지를 전달 받을
수 있도록 만들어 보아요.

> IFTTT 레시피에 따라 집의 초인종을 누르면 리틀비츠의
> 사운드 트리거 빗이 반응하여 LED불이 켜지고 스마트 폰
> 으로 메시지를 전달 받기

1 전원 빗, 사운드 트리거 빗, 브라이트 LED 빗, 클라우드
빗을 마운팅 보드에 연결합니다.

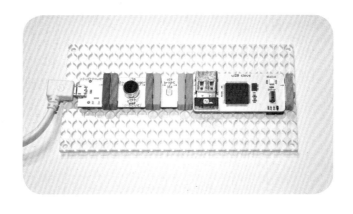

2 리틀비츠를 연결한 마운팅 보드를 집의 초인종이
들리는 곳 옆에 양면 테이프로 고정 시킵니다.

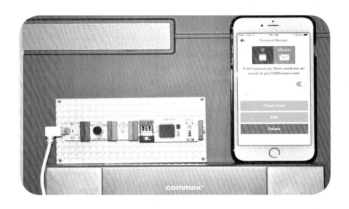

3 스마트 폰 앱에서 IFTTT
레시피는 지난 시간 레시피
에서 액션으로 활용할
서비스를 전자메일(e-mail)로
바꾸어 사용합니다.

4 스마트 폰과 리틀비츠를 연결합니다.

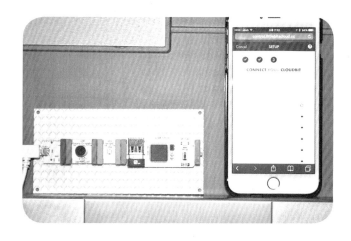

5 스마트 폰의 IFTTT앱을 실행합니다.

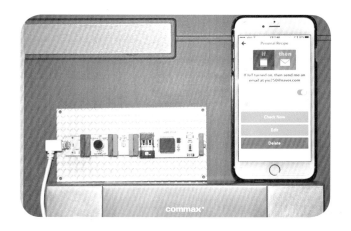

6 집 밖에서 초인종을 눌러 보고, 리틀비츠에서 사운드
  트리거 빗의 반응에 따라 브라이트 LED 빗이 켜지는지
  확인합니다.

7 동시에 메일로 전달 받는지
  확인합니다.

우리 주변에 있는 사물들을 리틀비츠로 연결할 수 있도록 생각해 보자.

리틀비츠 용어사전

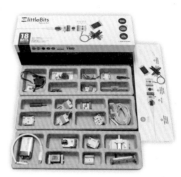

배터리 (Battery)

케이블 (Cable)

전원 빗 (Power Bit)

USB 전원 빗
(USB Power Bit)

버튼 빗
(Button Bit)

디머 빗
(Dimmer Bit)

라이트 센서 빗
(Light Sensor Bit)

사운드 트리거 빗
(Sound trigger Bit)

버저 빗
(Buzzer Bit)

DC 모터 빗
(Dc motor Bit)

바그래프 빗
(Bargraph Bit)

브라이트 LED 빗
(Bright LED Bit)

롱 LED 빗 (Long LED Bit)

서보 모터 빗 (Servo Motor Bit)

와이어 빗 (Wire Bit)

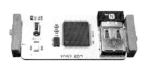

클라우드 빗 (Cloud Bit)

USB 전원 어뎁터 + USB 케이블

리틀 빗 드라이버

USB 케이블(USB Cable)

마운팅 보드(Mounting Board)